山口拓朗
Takuro Yamaguchi

できる人が使っている大人の語彙力&モノの言い方

PHP

はじめに

「気のきいた言葉がパッと出てきません」
「幼稚な言葉、くだけた言葉ばかり使ってしまいます」
「正しい敬語の使い方がわかりません」
「『社会人らしい言葉を使え!』と上司に怒られました」
「難しい言葉が飛び交う会話についていけないときがあります」
「語彙が少ないせいで、人と話すときに引け目を感じてしまいます」

あなたにも似た悩みがあるのではないでしょうか? これらの悩みを要約するとこうなります。

「正直、語彙力が乏しくて困っています」

もしかすると、すでにあなたは語彙力がないことによる"実害"を感じ始めているのではないでしょうか。

人は「言葉」でものを考えています。
人は「言葉」で思考を深めています。
人は「言葉」で知性や教養を育てています。
人は「言葉」で想像力や創造力を養っています。
人は「言葉」で人と意思疎通を図っています。

「言葉」とは「語彙」のこと。知っている語彙や使える語彙が少ないと、私たちは「ものを考えること」も、「知性や教養を育むこと」も、「いいアイデアを生み出すこと」も、「他人の気持ちを理解すること」

も、ままならなくなります。

　もちろん、限られた語彙では、人とのコミュニケーションにも支障を来しかねません。深い話や複雑な話についていけなくなるほか、自分の考えや思いを正確に伝えることができず、その結果、同意や賛同、共感も得られにくくなります。「言葉のつたなさ」や「表現力の乏しさ」が、仕事をするうえでどれだけ大きな"足かせ"となるか……あなたはもう薄々気づいているのではないでしょうか。

　だからといって、闇雲に語彙やフレーズを増やしましょう、と言いたい訳ではありません。なぜなら、社会人であるあなたが語彙力を身につける目的は、自己満足のためでも、暗記テストでいい点数を取るためでもないからです。

　ずばり、大事なのは**「知識としての語彙力」ではなく、仕事の現場で使える「実践としての語彙力」**です。断言します。社会人としていい仕事をしたいのであれば、最低限の語彙力を身につけておかなければいけません。

　コミュニケーションが重視される今の時代に、「語彙が少ない」や「言葉がつたない」「状況に応じて適切な言葉を選べない」などのハンデを背負うことは、右足と左足にそれぞれ5kgの"重り"を付けながらフルマラソンを走るようなものです。つまり、その道中はひたすらキツいはずです。

　安心してください。本書で扱う言葉は、ビジネスシーンでの使用頻度が高いものに絞っています。基本的かつ実践的な語彙・フレーズを

最短距離で身につけたい人にとって"渡りに船"(197ページ参照)となるでしょう。第3章では、多くの社会人が苦手にしている「敬語フレーズ」も紹介しています。

もっとも、いくら立派な語彙や敬語をたくさん知っていても、「その場の空気」をつかみ損ねれば、「伝わらない」「誤解される」「怒りを買う」などの悲劇を招きかねません。「その場の空気」とは"相手の立場""相手との関係性""その場の状況"などを含むTPO(218ページ参照)のことです。

TPOに応じて、さり気なくも的確に、気のきいた語彙・フレーズをくり出すことができる。 そういう人こそが、人と上手にコミュニケーションをとりながら、仕事で成果を出せる人ではないでしょうか。

筆者は編集&ライター出身の人間であり、言語学者でも日本語の研究者でもありません。重箱の隅をつつきながら、「語源の正確性」を追究したり、「言葉の正誤」を明らかにしたりする気は毛頭ありません。

本書の目的は、ただひとつ。**読者であるあなたに、仕事の現場で使える語彙・フレーズを増やしてもらうことです。** ポイントはあくまでも"実用"です。

その目的を達成するためには、あなたの努力も必要です。本書を読み終えたら(あるいは、読み進めながら)、本書で紹介する語彙やフレーズを積極的に使ってみてください。

語彙とフレーズを積極的に使うことによって、あなたのビジネスパーソンとしての資質は飛躍的に向上していきます。周囲の人たちと円滑なコミュニケーションが図れるようになり、好意や信用も集まりやすくなります。

　また、知性と教養が強化されて、発想力はもちろん、スピーチ力や文章力も磨かれていきます。気づいたときには、世の中を見渡すあなた自身の視野も驚くほどに広がっていることでしょう。そうそう、家族関係や友人関係、恋愛関係など、プライベートでも驚くような変化が見られるかもしれません。

　何よりも、語彙やフレーズを自在に使いこなすことによって、あなた自身の深いところから、えも言われぬ"自信"が湧いてくるはずです。そんな"新しい自分"との出会いも、どうぞ楽しみにしていてください。

　さあ、準備はいいですか？　できる人が使っている「大人の語彙力＆モノの言い方」を身につけて、仕事と人生の可能性を切り開いていきましょう。

山口拓朗

CONTENTS

できる人が使っている大人の語彙力&モノの言い方　目次

はじめに ─────────────────────────────── 002

第1章　場面に応じて気持ちを伝える
頻出！キラーフレーズ集

Scene 1 あいさつをする ───────────────── 012
初対面でのあいさつ／久しぶりのあいさつ／いつもお世話になっている方へのあいさつ／別れ際のあいさつ

Scene 2 相手を気遣う ─────────────────── 016
体調などを気遣う①／体調などを気遣う②／懸念を示す

Scene 3 お礼を伝える・喜びを伝える ──────── 020
お礼を伝える①／お礼を伝える②／お礼を伝える③／来てくれたことに感謝する／喜びを伝える

Scene 4 ほめる・祝福する ────────────── 026
ほめる／祝福する①／祝福する②

Scene 5 承諾する ───────────────────── 030
OKする／決意や意欲を示す／イエスの返答をする／同意する

Scene 6 依頼する —— 034
相談や協力のお願いをする／教わる／伝言をお願いする／お誘いする／何かを見てもらいたいとき

Scene 7 確認する・催促する —— 040
確認を促す／催促する①／催促する②

Scene 8 報告する —— 044
報告する／ミスやトラブルの報告をする

Scene 9 特定の気持ちを伝える —— 046
エールを贈る／お悔やみを伝える／その場から去る／贈り物を贈る・受け取る／長引く話を切る

Scene 10 ビジネスに欠かせないクッション言葉 —— 050
できる人は「クッション言葉」を使いこなしている！／万能クッション言葉／多種多様なクッション言葉

第2章 言いにくいことでもすんなり伝わる 大人の語彙力＆モノの言い方

Scene 1 断る、辞退する —— 056
Scene 2 お詫びする（謝罪する） —— 064
Scene 3 反論する、意見する、指摘する —— 070
Scene 4 弁解・弁明する、交渉する —— 074

第3章 知らない間に赤っ恥? 間違えやすい日本語NG表現

- **Scene 1** 敬語の種類と使い分け ……………………………… 080
- **Scene 2** 誤った敬語と正しい敬語 ……………………………… 082
- **Scene 3** 「二重敬語」に要注意! ……………………………… 104
  「〜いただけますでしょうか?」も二重敬語?／ふたつの敬語をつなぐ「敬語連結」／美化語の「お／ご」は敬語に数えない?
- **Scene 4** 今どきの要注意敬語 ……………………………… 108
  はやりの「させていただく症候群」／過剰に丁寧な「さ入れ言葉」／逆転しつつある「ら抜き言葉」／若者の使用頻度が高い「れ足す言葉」／「二重表現」は知っていれば防げる／丁寧だけど、相手に無礼・失礼と思われかねない表現

第4章 とっさの場面でも迷わない! 紛らわしい語彙・誤りやすい語彙

- **Scene 1** 意味や字を間違えやすい言葉 ……………………………… 120
- **Scene 2** 書き言葉の注意語彙&フレーズ ……………………………… 132

| Scene 3 | 間違えやすい&誤りやすい言葉の例 | 136 |
| Scene 4 | 本来の意味と異なる意味が広まりつつある言葉 | 146 |

第5章 知性と教養を感じさせる 武器としての ビジネス語彙力

Scene 1	現場で使える実践ビジネス語彙	152
Scene 2	感情&心理表現としてのビジネス語彙	174
Scene 3	教養を感じさせる語彙	180
Scene 4	ビジネスで使える四字熟語	186
Scene 5	ビジネスで使えることわざ	196
Scene 6	ビジネスで使うカタカナ語	204

おわりに ... 220

参考文献 ... 222

・装丁:小口翔平+山之口正和(tobufune)
・イラスト:齋藤稔(株式会社ジーラム)

第 1 章

場面に応じて気持ちを伝える

頻出!
キラーフレーズ集

Scene 1 あいさつをする

　第1章では、仕事でよく遭遇するシーンに特化して、それぞれ実践的なフレーズをご紹介します。フレーズの引き出しが多ければ、コミュニケーションの幅が広がり、信頼関係も築きやすくなります。

　たとえば、お礼の言葉ひとつをとっても、「ありがとうございます」一辺倒ではなく、「○○さんのお陰です」「感謝の言葉もありません」「恩に着ます」など、そのつど最適なフレーズをくり出すことによって、相手から"気のきいたモノの言い方ができる人"ひいては"できる人"と思われやすくなります。また、「語彙」よりも「フレーズ」のほうが覚えやすい、という利点もあります。なぜなら、フレーズとは"小さなストーリー"であるため、記憶に残りやすいからです。

初対面でのあいさつ

「**はじめまして**」に続けて自分が何者かを名乗る。これが初対面でのオーソドックスなあいさつです。このときに少し気のきいたフレーズを添えることによって、第一印象はグッとよくなります。おすすめは「**お会いできて〔光栄です／嬉しいです〕**」です。喜びをストレートに表現することによって、相手はこの出会いを"特別なもの"と感じてくれるかもしれません。目上の人に対しては「**お初にお目にかかります**」という敬語表現も使えます。あいさつのタイミングを逃したときは、あとから「**申し遅れました。野村と申します**」とリカバリーしましょう。

有効フレーズ 初対面の相手には「**どうぞお見知りおき〔ください／願います〕**」のフレーズも使えます。「お見知りおき」は、相手を敬いながら〈自分の顔や名前を覚えてもらいたい〉という希望を伝える言葉です。身内（自社の人間）を紹介するときにも「**弊社の酒井です。以後お見知りおきのほどをお願いします**」のような形で使えます。

文章フレーズ 初めての相手にメールするときには「**初めてご連絡差し上げます**」「**初めてご連絡いたします**」「**はじめまして。突然のメールで失礼いたします**」などが使えます。二度目のやり取りからは、定番フレーズである「**いつもお世話になっております**」を使えばOKです。

久しぶりのあいさつ

久しぶりに会う人への定番あいさつは「**ご無沙汰しております**」や「**しばらく（ぶり）でございます**」です。続いて、「**お変わりございませんか？**」「**お元気でいらっしゃいますか？**」と質問できれば、話が弾みやすくなります。相手の活躍ぶりが耳に入っているときは「**ご活躍のご様子で何よりです**」「**ご活躍は常々うかがっております**」「**ご活躍との噂をうかがっております**」などの言葉をかけて、心の距離を近づけていきましょう。

有効フレーズ 以前と変わらない元気な姿（すてきな姿）が目についたときは、素直に「**お変わりになりませんね**」や「**お変わりなくて何よりです**」と声をかけます。言葉の裏に隠された"気遣い"や"心配り"が相手に伝わります。

文章フレーズ 久しぶりの相手にメールするときは「**ご無沙汰しております。〔いかがお過ごしでしょうか／お元気でいらっしゃいますか〕**」というあいさつ文と一緒に、「**○○の節は大変お世話になりました**」「**その節は○○の機会をいただき、誠にありがとうございました**」のように、かつてお世話になったことへのお礼を伝えましょう。"律儀で誠実"という印象をもたれやすくなります。

いつもお世話になっている方へのあいさつ

ふだんお世話になっている方へのあいさつとしては「**いつもお世話になっております**」が定番です。「お世話様です」という表現もありますが、この言葉には、自分のために何かしてくれたことへの"ねぎらい"が含まれているため、目上の人には使えません。「**いつも○○いただき、誠にありがとうございます**」も喜ばれやすいフレーズです。○○には「**お力添え／お気遣い／お心遣い／ご協力／お助け**」など、相手との関係性において最適な言葉を選びましょう。

文章フレーズ① かしこまった内容の書面では、冒頭のあいさつに「**平素は格別のご高配を賜り、厚く御礼申し上げます**」がよく使われます。「平素」とは〈日頃〉の意味。「ご高配」は〈相手がしてくれた心遣いや配慮を敬う尊敬語〉で、目上の人や会社宛にも使えます。定型文として、いつでも使えるようにしておきましょう。

文章フレーズ② メールの場合は、書面ほど改まったあいさつ文を入れる必要はありません(時候のあいさつや「拝啓／敬具」などの頭語や結語も必要ありません)。取り立ててかしこまる場面でなければ「**いつも当社の製品をご愛用いただき、ありがとうございます**」や「**いつ**

も〔ご愛顧／お引き立て〕いただき、ありがとうございます」くらいのシンプルさを心がけましょう。「**日頃の〔ご愛顧／お心遣い／お心配り／お力添え〕に、心より感謝申し上げます**」も使いやすいフレーズです。

別れ際のあいさつ

別れ際のあいさつの定番フレーズは「**失礼いたします**」です。相手より先に移動する場合は「**お先に失礼いたします**」と言えばOK。〈またお会いしたい〉という気持ちを込めて「**また〔お会いできる／お目にかかれる／ご一緒できる〕機会を楽しみにしております**」と伝えれば、相手は気持ちよく帰路につけるでしょう。

初対面の相手との別れ際であれば、「**お会いできて嬉しかったです**」や「**お話しできて光栄でした**」などの言葉を添えると、相手に与える印象がグッとよくなります。「**〔これをご縁に／これに懲りずに〕今後ともよろしくお願いいたします**」や「**末永く（お付き合いいただけますよう）よろしくお願いいたします**」と、継続的な関係を希望するフレーズも高得点。相手から教えを請う立場であれば「**〔今後とも／引き続き〕、よろしくご指導ください**」なども使えます。

有効フレーズ 夜の会食後などであれば、お礼の言葉と共に「**お気をつけてお帰りください**」や「**おやすみなさい（ませ）**」などのフレーズも口にしたいところ。相手が親しい上司であれば、「**お疲れ様です**」や「**お疲れ様でした**」も十分に使えます。

Scene 2 相手を気遣う

体調などを気遣う①

　さり気なく相手の体調を気遣える社会人はスマートです。スタンダードな言い方には「**くれぐれもお体には〔お気をつけ／ご留意〕ください**」や「**お体を大切にお過ごしください**」があります。仕事を共にした相手であれば「**今夜はゆっくりお休みください**」「**週末はゆっくりお過ごしください**」などの言葉が響くでしょう。冬季であれば「**お風邪など〔召しませんよう／ひかれませんよう〕、お気をつけください**」のフレーズも気がきいています。

　状況によっては「**ご多忙かとは思いますが～**」「**お疲れのこととは思いますが～**」「**ご心労も多いかと思いますが～**」と相手の気持ちに配慮するフレーズを添えてもいいでしょう。「**お気をつけくださいませ**」のように、語尾に「ませ」を付けると上品で優しい雰囲気になります。

有効フレーズ　相手がすでに体調を崩しているときは「**お大事になさってください**」や「**無理なさいませんように**」などの表現が適しています。それぞれ直前に「**くれぐれも～**」を添えると丁寧さが増します。

文章フレーズ　「**〔くれぐれも／どうぞ〕ご自愛ください**」も大人っぽく品のあるフレーズです（とくにメールや手紙で有効）。ちなみに、

「ご自愛」は〈自分の体を大切にいたわる〉の意味につき、直前に「お体を」と付ける必要はありません。「**まだまだ暑さが続くようですが、体調を崩されませんようご自愛ください**」「**寒さ厳しき折、どうぞご自愛ください**」のように「ご自愛ください」の直前に時候を表す言葉を添えてもいいでしょう。

体調などを気遣う②

相手が入院や自宅療養しているようであれば、手紙やメールでお見舞いするケースが多いでしょう。「**自宅でご療養中とのこと、〔心から／謹んで〕お見舞い申し上げます**」「**ご入院されたと聞き、〔大変心配しております／ご案じ申し上げております〕**」など、お見舞いの言葉と心配している気持ちを伝えてから「**〔お加減／お気分〕はいかがでしょうか**」と伝えるとスマートです。

ちなみに「**謹んで**」は〈敬意を払いながら行動・発言する〉という謙遜のお約束フレーズです。また、静養を促す言葉や回復を祈るフレーズには「**ゆっくりご静養なさってください**」「**(十分に／たっぷりと)英気を養ってください**」「**しばらくはご養生に励まれてください**」「**ご養生のほど〔お祈りしております／念じております〕**」「**しばらくは健康回復につとめられてください**」「**一日も早いご快復をお祈り申し上げます**」「**一日も早く全快されますようお祈り申し上げます**」など、さまざまなものがあります。状況に応じて最適なフレーズを選びましょう。

有効フレーズ　相手が多忙を極めていた人であれば「**お仕事が気にかかることとは思いますが、しばらくは健康回復につとめられてください**」「**この際ですから、いままでお休みになれなかった分、十分に静**

養なさってください」などのフレーズで"はやる気持ち"に寄り添ってあげましょう。

有効フレーズ 相手が順調に回復しているときは「**一日も早く元気なお姿を拝見できますよう、お祈りしております**」や「**一日も早くお元気になって復帰されることを、みんなで待っています**」など、復帰を心待ちにしている旨(むね)を伝えてもOK。相手にとって何よりの"良薬"となるでしょう。

注意ポイント① お見舞いに行ったときには「**ご迷惑ではなかったでしょうか？**」と気遣いを見せると同時に、相手が必要以上に気を遣わないよう「**すぐに〔失礼しますので／おいとまいたしますので〕**」と伝えることも大切です。相手があれこれ動こうとしたら「**どうぞお気遣いなく**」「**どうぞそのままで結構です**」と声をかけて制止しましょう。

注意ポイント② 「**快復**」は〈ケガや病気が治ること〉で、「**回復**」は〈一度悪くなったものが、元の状態に戻ること〉です。「回復」は「景気が回復する」など、病気以外にも使えます。注意すべきは、病気の際の使い分けです。「快復」は〈治りきったこと〉を指すため、「快復しつつあります」とは書けません。正しくは「**回復しつつあります**」です。治りきったことを指すのか、治る過程も含むのか、よく見極めて使いましょう。

懸念を示す

困っている。悩んでいる。心配している。そんなときに使えるフレーズが「**苦慮しております**」です。「**苦慮**」とは〈あれこれと思い悩むこと〉。よりストレートな表現をしたいのであれば「**○○を危ぶんでおります**」や「**○○を懸念しております**」もおすすめです。「**懸念**」とは〈気がかりや心配、不安がっている〉という意味です。

有効フレーズ① 懸念に続くフレーズとしてよく使われるのが「**ご留意のほどよろしくお願いいたします**」です。「**留意**」とは〈気をつける／気に留める〉という意味です。ほかにも、懸念の種類やレベルに応じて「**ご用心のほど〜**」「**ご警戒くださいますよう〜**」「**ご注意くださいますよう〜**」などのフレーズを使い分けます。具体的にしてもらいたいことがあるときは「**日程をご調整いただけますよう〜**」「**○○のご指示をいただけますよう〜**」のように伝えてもいいでしょう。

有効フレーズ② 懸念を示したあと「**その点、お含みおきください**」と続けるパターンもあります。「**含みおく**」は〈心に留めておく〉という意味。「お〜ください」を組み合わせることで、ビジネスシーンで使いやすい敬語表現となります。

注意ポイント 「お含みおきください」に似た慣用表現に「**ご承知おきください**」があります。ただし、「承知」という言葉が、謙譲語の「承る」を彷彿とさせることから（勘違いされやすいため）、目上の人への使用は控えるのが無難かもしれません。言い換え候補には「**ご理解ください**」「**ご了承ください**」「**ご容赦ください**」などがあります。

Scene 3 お礼を伝える・喜びを伝える

お礼を伝える①

　最もポピュラーなお礼の言葉は「(どうも／誠に) ありがとうございます」です。その直前に「〇〇いただき～」と添えると、より感謝の気持ちが伝わりやすくなります。〇〇には「**お骨折り／ご尽力／ご協力／ご助言／ご快諾／お力添え／お口添え／お心配り（を）／ご配慮／ご足労／ご教示／お引き立て／お心遣い（を）**」など、状況に合った言葉を入れます。驚くほどよくしてもらったと感じたときは、さらに、これらの言葉の直前に〈もったいないくらい〉という意味の「**過分な**」や「**身に余る**」を加えると、感謝の気持ちがより伝わります。「**〔過分なお心遣いをいただき／身に余るお言葉をいただき〕、誠にありがとうございます**」という具合です。

有効フレーズ①　「〇〇いただき～」よりも少しかしこまった言い方として、「**〇〇〔にあずかりまして／を頂戴しまして〕～**」という表現もあります。「**〔ご贔屓（ひいき）に／おほめに〕あずかりまして～**」「**本日はお招きにあずかりまして～**」「**お心遣いを頂戴しまして～**」のように使います。

有効フレーズ②　「何についてのお礼なのか」を具体的に伝えると、相手の喜びが増幅します。「**親身になってお付き合いいただき～**」「い

つもこちらの無理を聞いていただき〜」「こちらのわがままにもかかわらず迅速にご対応いただき〜」「面倒な仕事を受けていただき〜」「そんなふうにおっしゃっていただき〜」といった具合です。言葉が具体的であるほどお礼の効果が高まります。

お礼を伝える②

お礼の言葉といえば「**深く感謝しております**」や「**心より感謝申し上げます**」も定番です。「ありがとうございます」と同様に、直前には「○○いただき〜」と添えるとスマートです。○○には「**お骨折り／ご尽力／ご協力／ご助言／ご快諾／お力添え／お口添え／お心配り（を）／ご配慮／ご足労／ご教示／お引き立て／お心遣い（を）**」などが入ります。なお、かしこまったお礼文を書かなければいけないときは、「感謝しております」の直前に「**ご厚情に／ご芳情に／ご高配に／ご温情に**」などの言葉を組み合わせます。「**ご厚情**」は〈深い情けや思いやりのこと〉、「**ご芳情**」は〈相手の心遣いや親切心を敬う語〉、「**ご高配**」は〈相手の心配りを敬う語〉です。

有効フレーズ 〈言葉では表現できないくらい深く感謝していること〉を伝えたいときには「**感謝してやみません**」「**〔感謝／お礼〕の言葉もありません**」「**〔感謝／お礼〕の申し上げようもありません**」「**ただただ〔感謝／お礼〕の気持ちでいっぱいです**」などの言葉があります。情感たっぷりに「**何とお礼を申し上げてよいか、言葉が見つかりません**」と伝えてもいいでしょう。なお、最上級の表現には「**感謝（の念）に堪えません**」があります。

第1章 頻出！ キラーフレーズ集

お礼を伝える③

「ありがとうございます」や「感謝しております」と一緒に使えるフレーズに「**お陰**」があります。「**お陰さまで〇〇することができました**」や「**〇〇さんのご尽力のお陰です**」「**〇〇さんのお陰にほかなりません**」などが、使用頻度の高い言い回しです。目上の人に敬意を伝えたいときは「**これもひとえに、岡田さんのご尽力の賜物です**」のようなフレーズも使えます。「**ひとえに**」は〈一途に／唯一〉の意味で、〈この結果になった理由はひとつであること〉を示す言葉です。

目上の人への手紙やメールであれば「**幸甚に存じます**」や「**幸甚の至りです**」と書くと、大人びた雰囲気が醸されます。「**幸甚**」とは〈この上ない幸せ。非常にありがたいこと〉という意味です。「**存じる**」は「思う」の謙譲語です。

有効フレーズ①　〈もらった恩や情けを決して忘れない〉という恐れ多い気持ちを表すフレーズに「**〜さんには足を向けて寝られません**」があります。"大きな施し"を受けたときや、"大きな借り"を作ったときに使用を検討しましょう。

有効フレーズ②　「恩」という言葉を使うお礼フレーズには「**恩に着ます**」や「**このご恩は一生忘れません**」があります。「着る」には〈自分の身に受ける〉というニュアンスが含まれており、「恩に着ます」で〈受けた恩をありがたく思う〉という意味になります。「恩に着ります」「恩に切ります」と書いたり、「恩にきります」と言ったりするのは間違いです。

文章フレーズ お世話になった方にメールや手紙でお礼を伝えるときには「**ひとかたならぬ〜**」というフレーズが使えます。〈程度が普通〉という意味の「ひとかた」を「ならぬ」で打ち消しているため、〈普通ではない／並々ならぬ〉という意味になります。「**このたびは、ひとかたならぬご協力を賜り、心より御礼申し上げます**」などと書きます。「ひとかたならぬ」のほかには「**ただならぬ**」や「**格別の**」を用いてもいいでしょう。

来てくれたことに感謝する

「**お越しいただき、ありがとうございます**」や「**ご足労いただき、ありがとうございます**」は、汎用性の高いフレーズです。「**ご足労**」は〈足を疲れさせた〉という意味の「足労」に「ご」をつけた敬語です。「**足をお運びいただき、ありがとうございます**」も敬意の強いフレーズです。直前に「**ご多忙のところ〜**」「**お忙しいところ〜**」「**ご多用のなか〜**」「**遠方にもかかわらず〜**」などのフレーズを組み合わせることで謝意が伝わりやすくなります。

注意ポイント 雨や雪が降っているときのフレーズ「**お足元の悪いなか、ご足労いただき〜**」は、一部で〈足が悪い人を想像させる差別用語〉という意見があるようです（「片手落ち」が、片手がない人を想像させる差別用語として使われなくなりつつある理由と同じ）。代替フレーズとしてのおすすめは「**あいにくの雨のなか〜**」「**お足元が滑りやすいなか〜**」「**このような（悪）天候のなか〜**」などです。

第1章 頻出！キラーフレーズ集

喜びを伝える

　喜びを伝える定番フレーズは「〜していただき、とても嬉しいです」ですが、(とくに文面で) フォーマルな表現が求められるときは「**大変嬉しく存じます**」と書けばいいでしょう。もっとも、かしこまりすぎては喜びが伝わらないこともあります。親しい相手に対しては「**(とても／本当に／最高に) 嬉しいです！**」のように、笑顔と共に喜びを炸裂させましょう。

有効フレーズ①　「嬉しい」よりも少しかしこまった表現に「**喜ばしい**」があります。「**喜ばしい知らせを受けました**」「**これほど喜ばしいことはありません**」など、おもに自分以外の誰かが喜ぶべき状態に対して、第三者として喜ぶ (歓迎する) ケースで使われます。

有効フレーズ②　「〜していただき、〔**感激／感動**〕**しております**」も、喜びを表す定番表現です。「〔**感激／感動**〕**で胸がいっぱいになりました**」や「〔**感激／感動**〕**で胸が熱くなる思いです**」も気持ちが伝わりやすいフレーズです。

有効フレーズ③　ありがたい助言やほめ言葉をもらったときは「**大変励みになります**」や「〔**もったいない／身に余る**〕**お言葉です**」、一緒に過ごせたことへのお礼を伝えたいときは「**至福のひとときでした**」や「〔**至福の／夢のような**〕**時間を過ごさせていただきました**」など、少し洒落たフレーズも用意しておきましょう。

有効フレーズ④　「**光栄です**」も喜びを伝える際に重宝する言葉です。

「このような機会をいただき光栄です」という具合に使います。あわせて「**喜びもひとしおです**」「**望外の喜びです**」などのあらたまった表現も使えるようにしておくといいでしょう。「**望外**」とは〈望んでいた以上によいこと〉という意味です。

> 身に余る
> お言葉です

Scene 4 ほめる・祝福する

ほめる

「**感心しました**」「**感銘を受けました**」「**感動しました**」「**感激しました**」など、好意的・肯定的な感情を伝えるだけでも、相手にとっては十分なほめ言葉です。〈感心〉の気持ちに加えて、〈尊敬〉の意味も示したいときには「**感服いたしました**」や「**敬服いたしております**」、〈まいりました〉という意味を込めたいときには「**脱帽です**」が使えます。ただし、「脱帽」は対等または目下の人に対して使う言葉のため、目上の人への使用は控えましょう（失礼にあたります）。

なお、〈しみじみと感心した〉ときは「**岡本課長の勇気に〔感じ入っております／心を打たれました〕**」、〈心を奪われるほど感服・尊敬している〉ときは「**平山社長のお言葉に心酔しております**」なども使えます。どちらも品格のある表現です。

有効フレーズ① 〈物事をてきぱきと巧みにやること〉をほめるときには「**敏腕**」「**辣腕**（らつわん）」「**腕利き**」「**すご腕**」などの言葉が使えます。「**敏腕経営者である鈴木社長とご一緒できて光栄です**」という具合です。

有効フレーズ② 〈並外れている〉点をほめるときは、「**圧倒的な**」「**申し分のない**」「**比類のない**」「**文句なしの**」「**頭ひとつ抜け出した**」「**他を寄せつけない**」「**他の追随を許さない**」「**他と一線を画す**」など、多

彩なフレーズがあります。ちなみに、「**追随**」とは〈あとからついていくこと〉で、「**一線を画す**」は〈境界線を引いて区切ること〉。「**他の追随を許さない実績ですね**」や「**他社と一線を画す充実の商品ラインナップですね**」のような形で使います。相手と近しい間柄であれば「**圧倒的な完成度ですね！**」「**これは文句なしの機能ですね！**」なども失礼にはあたりません。

祝福する①

シンプルな祝福は「**（誠に）おめでとうございます**」です。「**心よりお祝い申し上げます**」「**心よりお喜び申し上げます**」などと組み合わせることで祝福の効果が高まります。祝福する相手以外にも"喜んでいる人がいる"と推察できるときは「**木戸社長もさぞお喜びのことでございましょう**」「**〔ご両親様／奥様〕もさぞお喜びのことでしょう**」のようなアプローチで祝福してもいいでしょう。

有効フレーズ 昇進をお祝いするときは「**ご昇進、おめでとうございます**」以外にも、少し格調の高いフレーズ「**ご栄進、おめでとうございます**」もおすすめです。先輩や上司が昇進や昇格を伴って花形部署へ異動する場合は、〈今までよりも高い地位・役職に就くこと〉を意味する「**栄転**」を使って「**本社本部長へのご栄転、誠におめでとうございます**」と伝えるといいでしょう。

祝福する②

手紙をはじめとする文面で祝福する場合、冒頭で「**謹んでお慶び申し上げます**」と祝福を伝えるのが基本です。「**謹んで**」は〈かしこま

って物事に取り組む〉という意味の謙譲表現です。取り立てて祝福する事柄がないときでも、あいさつの一環として「**謹んでお慶び申し上げます**」を使うケースもあります。この場合、直前に「**時下ますます〔ご清栄／ご清祥〕のことと〜**」や「**皆様におかれましては、ますますご健勝のことと〜**」などの定型文を組み合わせます。

「慶び」は慶事的な意味合いが強いため、大げさに感じられるときは「喜び」を使いましょう。もちろん、祝福としての理想は「**このたびは〇〇されたとのこと、心よりお祝い申し上げます**」のように〇〇に具体的な事柄を入れる書き方です（「**このたびは、事業プランコンテストで最優秀賞に輝いたとのこと〜**」など）。

以下は、祝福の文面を書くときに重宝する「**ご清栄**」「**ご盛栄**」「**ご繁栄**」「**ご清祥**」「**ご健勝**」の使い分けです。

会社宛と個人宛のどちらにも利用できる
◆ ご清栄：健康や繁栄を祝う言葉。

会社宛に利用できる
◆ ご盛栄：ビジネスの繁栄を祝う言葉。
◆ ご繁栄：豊かに栄えることを祝う言葉。

個人宛に利用できる
◆ ご清祥：健康と幸せな暮らしを祝う言葉。
◆ ご健勝：健康で元気なことを祝う言葉。

ただし、葬儀業界や介護業界、病院など、一部の業種では「ご盛栄」や「ご繁栄」がなじまないケースもあります（その場合は「ご清栄」を用いるといいでしょう）。

文章フレーズ　慶事のケースでは「**誠にご同慶の至りに存じます**」という表現があります。「**ご同慶**」とは〈相手同様、自分にとっても喜ばしいこと〉を意味します。「**めでたく昇進されました由、ご同慶の至りに存じます**」のように使います。この場合の「由」は〈事の趣旨/旨〉の意味です。「**このたびは○○の由、ご同慶の至りに存じます**」の型で覚えておくといいでしょう。

> 感服
> いたしました

Scene 5 承諾する

OKする

　同僚や部下が相手なら「**わかりました**」「**了解です**」「**OKです**」でも構いませんが、外部の人や上司、目上の人に対してはそうはいきません。使い勝手のいい表現は「**承知しました**」「**承りました**」「**かしこまりました**」の3つです。一般的なビジネスシーンでは「**承知しました**」、お客様相手であれば「**承りました**」や「**かしこまりました**」がしっくりきます。何かしらの依頼を受けたときは、少し紳士的に「**謹んでお受けいたします**」「**喜んでお引き受けいたします**」のようなフレーズで返してもいいでしょう。

　OKを伝えると同時に、オファー（依頼・提案・申し出など）を受けた喜びを伝えることができれば、相手は一層喜んでくれるはずです。「**願ってもないことでございます**」「**〔お役に立てれば／お力になれれば／ご期待に沿えれば〕幸いです**」という具合です。大らかに「**お安いご用です**」と言えば、相手は信頼感と期待感を高めてくれるでしょう。

有効フレーズ① 「**〔ほかならぬ／ほかでもない〕山根様のご依頼とあれば、断る理由はございません**」とティーアップすれば、相手に花を持たせることができます。承諾しながら相手との関係性も強化できるフレーズです。

有効フレーズ② 「**〔微力ながら／及ばずながら〕尽力いたします**」も、承諾時に使えて、なおかつ相手に好印象を与えられるフレーズです。「**微力ながら／及ばずながら**」に弱さを感じるようであれば、謙遜せずに「**お役に立てるよう尽力いたします**」と断言しましょう。

決意や意欲を示す

　決意や意欲が伝わる王道フレーズは「**〜に全力を尽くします**」「**〜に尽力いたします**」「**〜に努めてまいります**」「**全力をあげて〜します**」などです。少しあらたまったフレーズには、〈ひとつのことに集中すること〉を意味する「**専心**」を使った「**〜に専心いたします**」や、〈精力を出して努め励む〉という意味の「**精励**」を使った「**〜に精励いたします**」があります。どちらも漢字にしたときに意味が際立つため、書き言葉としておすすめです。退路を断つ覚悟があるなら、力強く「**〜する覚悟です**」と言い切りましょう。「**不退転の〔決意で／覚悟で〕挑みます**」というフレーズにも強さがあります。「**不退転**」とは〈意思を固めて、何事にも屈しないこと〉。このフレーズを聞いた相手は、あなたに"懸けよう"と思うかもしれません。

有効フレーズ① 〈一生懸命に努力する〉という意味の「**精進**」を使って「**〜に精進いたします**」という表現もあります。文章であれば、少し硬めに「**今後一層の精進を重ねてまいる所存です**」と書いてもいいでしょう。

有効フレーズ② 〈相手の期待に応える〉というニュアンスを漂わせたいときは、「**ご期待に沿うべく〜**」や「**○○に応えるべく〜**」とい

うフレーズが重宝します。○○には「**ご期待／ご要望／厚い信頼**」などが入ります。このフレーズのあとに「**〔努力／尽力〕いたします**」と続けてもいいでしょう。

イエスの返答をする

　何かしらのオファーを受けた際、「イエス」の返答をするときには「**願ってもないお話です**」「**大変けっこうなお話をありがとうございます**」などに続いて、「**私でよければ喜んで○○いたします**」「**〔微力ながら／喜んで〕○○いたします**」とつなげられるとスマートです。「**願ってもない**」とは〈実現が難しい事柄が叶ってありがたい〉という意味です。ただ単に「**承知しました**」「**承りました**」「**かしこまりました**」と伝えるよりも、相手に与える印象がよくなります。

同意する

　相手の考えや意見に〈そのとおりです〉と同意するときは「**おっしゃるとおりです**」をベースに、状況に応じて「**○○で間違いありません**」「**たしかに○○です**」「**同感です**」などのフレーズを使い分けます。敬意を示したいときは「**ごもっともです**」が使えます。格式張った「**さようでございますか**」というフレーズもあります。「**さよう**」は〈そのとおり／そのよう〉という意味。品格が求められる場面の切り札として懐(ふところ)に忍ばせておきましょう。

注意ポイント　相づちと一緒によく使われている「なるほど」は、目上の人に対して使うと失礼にあたります。〈相手の考えや意見に対して評価を下したうえで同意・納得する〉という意味があるからです。

語尾を和らげようと「なるほどですね」としても敬語にはなりません。思わず「なるほど」と言ってしまったときは、**「なるほど、そうですね」****「なるほど、おっしゃるとおりです」**と続けて切り抜けましょう。

謹んで
お受けいたします

Scene 6 依頼する

相談や協力のお願いをする

「欲しい」の謙譲語にあたる「いただきたい」を用いた「**〇〇いただきたく～**」は、書き言葉で使い勝手のいいお願いフレーズです。〇〇には「**ご善処／お力添え／ご助言／ご助力／ご忠告／ご指導／ご鞭撻／ご協力／ご承認／ご了解／ご高説／ご指南**」など、書き手が相手に望む言葉を入れます。「**ご善処いただきたくお願いいたします**」という具合です。「**善処**」は〈適切に処理する〉、「**助力**」は〈相手が手伝うこと〉、「**鞭撻**」は〈戒めながら強く励ます〉、「**高説**」は〈優れた意見〉、「**指南**」は〈教え導く〉という意味です。もちろん、必要であれば「**忌憚のないフィードバックをいただきたく～**」「**お知恵を拝借したく～**」「**ご登壇いただきたく～**」「**日程をご調整いただきたく～**」のように具体的に"お願いの内容"を示しましょう。

有効フレーズ① お願いや相談をもちかけるときには「**折り入ってお願いがございます**」という言い方もあります。「**折り入って**」とは〈あらたまって特別なお願いをするとき〉の常套句で、多くの場合、話を聞く相手の態度が真剣になります。

有効フレーズ② 何かしらのお願いをするときには"クッション言葉"が欠かせません。クッション言葉とは〈会話の間に挟んで嫌悪感や不

快感を和らげる言葉〉のこと（50ページ参照）。なかでも「**ご迷惑でなければ〜**」「**ご多忙のところ恐れ入りますが〜**」は万能フレーズです。気遣いあふれるクッション言葉で相手の心証をよくしておけば、OKの返事をもらいやすくなります。

有効フレーズ③ 率直な意見をもらいたいときは「**忌憚のない〔ご意見／アドバイス〕をお聞かせください**」のフレーズが重宝します。「**忌憚**」とは〈遠慮して控えること〉。そこに否定語の「ない」を組み合わせた「**忌憚のない**」で〈遠慮しないで！〉という意味の言葉になります。

有効フレーズ④ 「イエス」の返事をもらうためには、相手を"持ち上げる"方法も有効です。「**△△をお願いできるのは○○さんしかいません**」「**頼れる人が○○さんしかいませんでした**」「**○○さんであれば、きっといい仕事をしてくれると思いまして**」という具合です。

文章フレーズ 「○○いただきたく〜」よりも敬いの気持ちを強めたいときは、「**○○を賜りたく〜**」という表現がおすすめです。「賜る」は〈受ける／聞く〉の謙譲語で、「**ご高評を賜りたくご案内差し上げました**」のように使います。

教わる

「**〔教えて／お教え〕いただけますか？**」と「**〔聞かせて／お聞かせ〕いただけますか？**」が教えを請うときの定番フレーズです。「**○○について、〔うかがいます／お尋ねします〕**」も活用機会の多い表現です。出し抜けに聞くときには「**つかぬことをうかがいますが〜**」、念押し

の意味合いが強いときには「**念のためお尋ねしますが〜**」が使えます。「**つかぬこと**」は〈それまでの話とは無関係なこと〉という意味です。

有効フレーズ 〈将来、自分のためになる知識や学問〉という意味をもつ「**後学**」を使って「**後学のためにお尋ねしますが〜**」と言えば、あなたの意欲が伝わりやすくなるため、相手が快く教えてくれる可能性が高まります。

文章フレーズ① メールなどで多用できる言葉が「**ご教示いただきたく〜**」や「**ご教授いただきたく〜**」です。「**ご教示**」は〈(知識や情報、やり方などを)教える〉という意味で、「**納期をご教示いただけますか**」のように使います。また、「**ご教授**」は〈専門的な知識を教え授ける〉という意味で、「**お気づきの点をご教授くださいますようお願いいたします**」のように使います。口頭では、もう少しソフトに「**お教えください**」「**ご指導ください**」と言えばいいでしょう。

文章フレーズ② メールで問い合わせるときには、「**お問い合わせ申し上げます**」や「**ご照会申し上げます**」が役立ちます。「**照会**」とは〈問い合わせて確かめること〉で、ビジネスシーンでしばしば使われます。文末には「**〔ご回答／ご返信／ご教示〕いただければ幸いです**」など、具体的に行動を促す言葉を添えましょう。

伝言をお願いする

「**お伝え願いますか？**」。伝言をお願いする際、相手に快く引き受けてもらうためには、少し言葉を工夫する必要があります。ビジネスシーンで重宝するのが「**お言伝をお願いできますか？**」というアプローチです。「**言伝**」とは〈他の人に伝えたいことを取り次いでもらうこと〉。意味は「**伝言**」と同じですが、「**お言伝**」のほうが丁寧かつ上品です。直前に「**お使い立てして申し訳ございませんが〜**」のようなクッション言葉を組み合わせてもいいでしょう。

有効フレーズ 自分が伝言のお願いを受けた場合は「**かしこまりました。申し伝えます**」と返答しましょう。「**かしこまりました**」ほど高い敬意が必要なければ、「**承知しました**」でも構いません（身内の同僚などであれば「**わかりました**」でもOKです）。

お誘いする

　書面やメールで何かしらのお誘いをするときは「**ご参加をお待ちしております**」「**ご参加いただけますよう、よろしくお願いいたします**」「**ふるってご参加ください**」などのフレーズが役立ちます。また、来社や来店を促すときであれば「**お気軽に〔お越しください／お立ち寄りください／足をお運びください〕**」などの表現もあります。また、これらのフレーズの直前に「**みなさまお誘い合わせのうえ〜**」「**みなさまお揃いで〜**」「**ご都合がつくようなら〜**」「**ご都合がよろしければ〜**」などのフレーズを組み合わせるのもスマートです。ちなみに「**ご検討のうえ〜**」はOKですが、「**前向きにご検討のうえ〜**」としてし

まうと、押し付けがましい印象を与えかねません。お誘いの文面に求められるのは、強引でも弱腰でもない絶妙なサジ加減です。

注意ポイント　「**万障（ばんしょう）お繰り合わせのうえ～**」は、お誘いをするときの定型フレーズです。「**万障**」は〈いろいろな不都合〉という意味で、「繰り合わせる」は〈上手にやりくりして都合をつける〉という意味。最近は、このフレーズに〈他の用事があっても、なんとかして来るように〉という強制のニュアンスを感じる人もいるようです。相手の参加や出席が確定しているケースでのみ使用しましょう。

有効フレーズ①　お誘いする際には、「**～のご案内をいたします**」「**～をお知らせいたします**」「**～を開催する運びとなりました**」「**～を実施いたします**」「**～を催したく存じます**」「**～の開催日程が下記のとおり決まりました**」などのフレーズを駆使して、冒頭でお誘いの内容を明確に示しましょう。

有効フレーズ②　出欠の返事をもらいたいときは「**△月△日（△）までに〔出欠のお返事を／ご出席の諾否（だくひ）を〕お知らせくださいますよう、お願い申し上げます**」という具合に、"相手にしてもらいたい行動"について具体的に示しましょう。「**諾否**」とは〈承諾するかしないか〉という意味です。

何かを見てもらいたいとき

「**ご笑覧**」や「**ご高覧**」は、メールや手紙、書面などの文章作成時に使えるかしこまった言い回しです。謙譲表現の「**ご笑覧ください**」は、自分の作品や原稿、仕事などを人に見てもらいたいときに使います。

〈たいしたものではありませんが（お恥ずかしい限りですが）、どうぞご覧ください〉という意味です。「**〇〇サイトに私の記事が掲載されました。よろしければご笑覧ください**」という具合に使います。一方の「**ご高覧**」は、「ご笑覧」よりも敬意が強めの尊敬表現です。「**来週の展示会に商品Aを展示いたします。ご高覧いただければ幸いです**」のように、取引先やお客様に対して商品や作品を案内・宣伝するときにもよく使います。

文章フレーズ　「**ご笑納ください**」は、何か贈り物をするときの謙譲表現として使えます。〈つまらないものですが、どうぞお受け取りください〉という意味で、「**弊社の工房で製作したペンスタンドです。よろしければご笑納ください**」のように使います。

Scene 7 確認する・催促する

確認を促す

　基本フレーズは「**ご確認のほど、よろしくお願いいたします**」です。「**○○について確認（したい点）がございます**」「**○○について確認させていただきたく～**」など言い回しはさまざまです。〈確認してもらえると嬉しい〉という気持ちを忍ばせて「**ご確認いただけると〔幸いです／助かります〕**」と伝えれば、相手は迅速に確認してくれるかもしれません。再確認したいときは「**○○について、今一度ご確認いただけますか**」などのフレーズが使えます。冒頭にクッション言葉である「**念のため**」を添えれば、グッと丁寧さが増します。

有効フレーズ　「**○○という理解でよろしいでしょうか**」「**○○という認識でお間違いないでしょうか**」のように、こちらから積極的にアプローチする尋ね方もあります。ほかにも、「**○○ではなく、△△ということは考えられますか**」という具合に、ポイントを絞って具体的に確認を取る方法もあります。

催促する①

　角を立てずにやんわりと催促する技術は社会人には必須です。「**その後、○○はいかがでしょうか**」「**○○の進捗はいかがでしょうか**」

などが常套フレーズです。「幸いです」や「助かります」を使って「**ご対応いただけると幸いです**」「**進捗状況を教えていただけると助かります**」と言えば、催促の強度が少しマイルドになります。「**進捗**」とは〈どれくらい進んでいるか（＝進み具合）〉を指す言葉です。

> **有効フレーズ** 催促と相性のいいクッション言葉には「**〔ご多忙かとは／ご事情がおありかとは〕思いますが〜**」や「**急かすようで申し訳ございませんが〜**」などがあります。相手が完全に忘れていると判断したときは「**ご多忙につきお忘れかと思いますが〜**」と伝えてもいいでしょう。あるいは、「**ご連絡をいただけておらず、〔心配して／案じて〕おります**」と自分に矢印を向けたフレーズを使えば角が立ちにくくなります。

催促する②

こちらが困っている様子を伝えることも催促のひとつです。「**〔現時点で／本日になっても／期日後も〕まだ〇〇が届いておりません**」「**すでに〔期日／お約束の期限／当初の締め切り〕を過ぎております**」「**今後の見通しが立たず困惑しております**」「**作業に滞りが生じ始めております**」という具合です。「**〇〇の〔手はずを整えてまいりましたが／準備をしてまいりましたが〕〜**」「**〇〇の実現に向けて〔善処してまいりましたが／鋭意作業を進めてまいりましたが〕〜**」のようなフレーズで、こちらがしてきた（している）努力を伝えることも"遠回しな催促"です。ちなみに「**鋭意**」とは〈集中して努力する〉という意味です。

場合によっては、具体的な言葉で催促しなければならないケースも

あるでしょう。「**迅速に〜くださるよう、お願い申し上げます**」「**誠意あるご回答をお待ち申し上げます**」「**早急な対応をお願い申し上げます**」「**ご善処いただきたくお願い申し上げます**」「**△月△日までにご連絡いただけますようお願い申し上げます**」「**いつ頃ご納品いただけそうか、ご連絡のほどお願い申し上げます**」などが具体的なフレーズ例です。「**折り返しご回答を賜りたく〜**」のように、あえて形式張ったフレーズを使うことも、催促効果を高めるひとつの手法です。

文章フレーズ 相手に誠意がなく、催促にも応えそうにない場合は、「**これまで再三お願いしてきましたが〜**」と経緯を伝えたのちに「**〇〇の場合、△△せざるを得ませんので、お含みおきください**」と最後通告しましょう。毅然とした態度を示したのち、「**念のため申し添えておきます**」という硬めのフレーズで締めてもいいでしょう。相手の背筋が伸びるはずです。

注意ポイント こちら側のミスや不備が懸念されるときは、強い催促は控えなければいけません。「**本メールと行き違いが生じている場合は、なにとぞご容赦ください**」「**すでにご発送いただいている場合は、大変申し訳ございません**」などの表現で"逃げ道"を作っておくことが大切です。

第1章 頻出！キラーフレーズ集

急かすようで申し訳ございませんが〜

Scene 8 報告する

報告する

「**(○○について/○○の件で)ご報告いたします**」と伝えるのが報告の基本です。「**現場の進捗をご報告いたします**」「**シンポジウムの集客状況についてご報告いたします**」という具合です。スピードを最優先するときであれば「**取り急ぎ、○○の結果をご報告いたします**」と「**取り急ぎ**」を付けてもいいでしょう。変化した事柄について報告するときには「**○○する運びとなりましたので、ご報告いたします**」のようなフレーズが使えます。たとえば「**販売価格を200円値上げする運びとなりましたので〜**」という具合です。「運び」を使わずに「**○○することとなりましたので〜**」とシンプルに伝えても構いません。

有効フレーズ① 自分が新たな地位や役職に就いたときの報告は、「**○○を〔担当する/務める〕ことになりました**」が基本です。少しフォーマルな表現であれば「**○○(の役)を仰せつかりました**」、引き継ぎに言及するときは「**後任には○○が就任いたします**」と伝えればいいでしょう。

有効フレーズ② 「**○○をもちまして、〔△△いたします/△△させていただきます/△△を迎えます〕**」は、重要な変化や節目について報告するときに重宝します。「**去る10月31日をもちまして退職いたし**

ました」「3月末をもちまして、閉店させていただきます」「4月をもちまして開業5年目を迎えることとなりました」という具合です。なお、"助詞「で」の役割を果たす「〇〇をもって」を「〇〇をもちまして」と丁寧にすることはできない"と指摘する声もあるようですが、現時点で使用を控える必要はないでしょう（慣用化してきているため）。「**改めて → 改めまして**」「**ついて → つきまして**」「**おいて → おきまして**」なども同様です。

有効フレーズ③　目上の人に見てもらいたいものがあるときは「**ご覧に入れたい〇〇がございます**」、聞いてもらいたい話があるときは「**お耳に入れておきたいことがございます**」と言います。ちなみに「**お耳に入れる**」は〈知らせる／告げる〉の謙譲語です。内密な話をするときなどに使えます。資料などをチェックしてもらいたいときは「**お目通し願います**」と言いながら資料を手渡してもいいでしょう。

ミスやトラブルの報告をする

　ミスやトラブルを報告するときは「**〇〇のため、△△が生じました**」の定型フレーズが使えます。〇〇には原因、△△には結果が入ります。「**検品ミスがあったため、不良品が紛れ込みました**」という具合です。原因よりも結果を先に伝えたいときは「**△△が生じたのは、〔〇〇によるものです／〇〇が原因です〕**」の型を使って「**不良品が紛れ込んだのは、検品ミスによるものです**」と伝えます。語尾に「判明しました」をつけて、「**△△が生じたのは、〔〇〇によるもの／〇〇が原因〕と判明しました**」としてもいいでしょう。

Scene 9 特定の気持ちを伝える

エールを贈る

　エールを贈るときの常套句は「**○○をお祈りしております**」です。祈る対象は先方の成功・健康・活躍・発展・幸せ・繁盛など多種多様。○○には、相手にとって好ましい状況を入れます。「**ますますの〔ご活躍／ご健勝／ご発展／ご健闘／商売繁盛〕をお祈りしております**」「**イベントの成功をお祈りしております**」という具合です。書面で律儀さを出したいときは「**ご祈念申し上げます**」のフレーズを使って、「**末筆ながら、貴社のますますのご発展をご祈念申し上げます**」「**貴社のご隆盛と皆様のご健勝を心よりご祈念申し上げます**」などと締めてもいいでしょう。

注意ポイント　「期待」もエールのひとつですが、「新天地でのご活躍を期待しております」という表現は、目上の人には使えません（失礼にあたります）。なぜなら、「期待」は〈いい結果を心待ちにする〉という"上から目線"の表現だからです。目上の人に対しては「**祈念**」を用いたフレーズ使えます。「**ご活躍を祈念しております**」という具合です。

お悔やみを伝える

　お悔やみを伝えるときには、相手との関係性や相手の様子（憔悴具合など）を勘案しながら、かける言葉を選ぶ必要があります。おもなフレーズは**「このたびはご愁傷様でございます」「ご冥福をお祈りいたします」「心からお悔やみ申し上げます」**など。ほかにも**「このたびは思いがけない〔ことで／知らせで〕本当に驚きました」「突然のことで〔言葉も見つかりません／慰めの言葉もございません〕」「いまだに〔受け止めきれません／信じられません〕」**などさまざまな言い回しがあります。亡くなった方が仕事でお世話になった方であれば**「○○さんには本当にお世話になりました」**と伝えることが遺族への慰めになるでしょう。

有効フレーズ①　**「〔ご心痛／ご心労〕のほどお察しいたします」「心中、お察し申し上げます」「ご無念のこととお察しいたします」**など、遺族の気持ちを察する言葉も使えるようにしておきましょう。メールであれば**「大変なご心痛であったと拝察します」**というフレーズも使えます。「**心痛**」とは〈心が痛むこと〉で、「**心労**」とは〈あれこれと心配すること〉です。

有効フレーズ②　お悔やみの言葉では、相手の心の痛みに寄り添う気持ちが大切です。**「なんと申し上げたらいいのか……」「言葉が見つかりません……」**と語尾を濁しても構いません。明るく流暢な話し方にならないよう気をつけましょう。

注意ポイント①　「どうぞお気（お力）を落とされませんように」は、

明らかに憔悴している人への言葉としては適切ではありません。場合によっては「**遺されたご家族のためにも、お気を強くお持ちになってください**」のようなフレーズも検討しましょう。

注意ポイント② 「大往生でした」や「天寿をまっとうしました」は身内が使う言葉で、遺族にかける言葉ではありません（意訳すると「もう十分に生きたじゃないですか」だからです）。長生きした故人を讃えたいときは「**ご長命とはいえ、誠に残念でなりません**」がおすすめです。

注意ポイント③ 同僚の親族などが亡くなった際、その同僚に対して事務的な連絡を取らなくてはいけないケースでは事務連絡口調にならないよう注意しましょう。「**おつらいときにこのようなことをお尋ねして大変心苦しいのですが、少しだけ事務的なことをうかがってもよろしいでしょうか？**」などが見本フレーズです。

その場から去る

「**失礼いたします**」が定番ですが、より丁寧な表現として「**そろそろおいとまいたします**」というフレーズもあります。「おいとま」とは〈人の前を去る／訪問先から帰る〉という意味です。ちなみに「おいとま（お暇）」には〈余暇や休暇〉という意味もあります。「**明日からおいとまをいただきます**」のように使います。

贈り物を贈る・受け取る

　贈り物を贈るときには「**どうぞお納めください**」と伝えるとスマートです。クッション言葉をつけて「**〔もしよろしければ／もしご迷惑でなければ〕、お納めください**」と言えば、より丁寧です。一方、贈り物を受け取るときには「**ありがたくいただきます**」や「**頂戴いたします**」などの言葉で返せるといいでしょう。ちなみに、「お名前（お電話番号）を頂戴できますか？」という表現はベストとはいえません（名前や電話番号はもらうものではないため）。「**お名前をお聞かせいただけますか？**」や「**お名前を〔お聞きしても／おうかがいしても〕よろしいでしょうか？**」あたりの表現に言い換えましょう。

長引く話を切る

　長引く話を切るときには、相手の気持ちを害さない心配りが必要です。「**ではそろそろ**」と言えば多くの場合、察してもらえます。もう少し丁寧に「**お話は尽きませんが、そろそろ〜**」「**申し訳ございませんが、次の約束がございまして〜**」と伝えてもいいでしょう。「**お時間は大丈夫でしょうか？**」と相手を気遣う形で話を切り上げるアプローチもあります。

Scene 10 ビジネスに欠かせないクッション言葉

できる人は「クッション言葉」を使いこなしている！

　社会人として必ず身につけておきたいのが「クッション言葉」です。クッション言葉とは〈相手に依頼、質問、反論、意見、指摘、謝罪などをするケースで使われる前置き〉のこと。上手に使うことによって、**角が立ちそうな直接的な表現を避けることができ、優しく丁寧な印象を相手に与えることができます**（言いにくいことや相手に失礼にあたることも、ソフトに伝えることもできます）。クッション言葉が使える人は、相手の気持ちを害するというミスを犯しにくく、同時に、"気遣いのできる人"として好意や信頼を獲得しやすくなります。

　会話にも文章にも不可欠なクッション言葉ですが、本書では"よりあらたまった表現"が求められるメールを想定して、そのフレーズをご紹介します。会話と違い、（当たり前ですが）文章では"口調"や"表情"や"態度"を使うことができません。その結果、気遣いや謙虚さが伝わりにくくなり、相手に「冷たい」「無礼だ」「失礼だ」と受け取られやすくなるのです。なかには「会って話をするといい人なのに、メールでやり取りすると怖い（冷たい）」と思われてしまう人もいます。人間関係や信頼関係にヒビを入れないためにも、クッション言葉をマスターしておきましょう。

> ① 本日中にご連絡ください。
> ② 本日中にご連絡をいただけませんか。

　①の書き方は、相手に「上から目線」「傲慢」「偉そう」と受け取られかねません。相手の機嫌を損ねれば、こちらの要望や依頼に応えてもらえないかもしれません。一方、「いただけませんか」と"おうかがい"の形で書いた②は、①よりも丁寧です。傲慢さが薄まって印象がよくなりました。しかし、理想的な文面かといえば、答えは"ノー"です。まだ改善の余地があります。

> ③ **お忙しいところ誠に恐縮ですが、本日中にご連絡をいただけませんか。**

　前置きのクッション言葉「**お忙しいところ誠に恐縮ですが**」を添えることで、格段に印象がよくなりました。優しく丁寧なこの文面であれば、好意的な返信をもらえる可能性が高まります。このように、同じ内容のメールでも、①のように相手を不機嫌にさせて自分が望む結果を得られない書き方もあれば、クッション言葉を盛り込んだ③のように、相手を機嫌よくさせて自分が望む結果を得られる書き方もあります。クッション言葉は、単なる社交辞令ではありません。メールでやり取りする相手と信頼関係を築くうえで必要不可欠なコミュニケーションツールなのです。

万能クッション言葉

> **お手数をおかけいたしますが、ご確認いただければ幸いです。**

「**お手数をおかけいたしますが〜**」は鉄板にして万能のクッション言葉です。ここでいう「**手数**」とは〈ある事をするための労力・手間〉のこと。仕事での用件は多かれ少なかれ「手数」がかかります。このクッション言葉はいつでも使えるようにしておきましょう。

> **お忙しいところ〔恐縮ですが／申し訳ございませんが〕、ご検討いただければ幸いです。**

「**お忙しいところ〜**」も万能です。先ほどの「お手数をおかけいたしますが〜」と組み合わせて「**お忙しいところ、お手数をおかけいたしますが〜**」としてもいいでしょう。また、「**お忙しいところ、恐縮ですが〜**」や「**お忙しいところ、申し訳ございませんが〜**」も使い勝手のいいクッション言葉です。少しあらたまった表現にしたいときは「**ご多忙のところ〜**」と書いてもいいでしょう。

多種多様なクッション言葉

　クッション言葉で伝えるべきは、こちらの「身勝手さ」「ぶしつけさ」「唐突さ」「厚かましさ」などです。〈申し訳ない〉という気持ち

を表現することによって、相手の気持ちが和らぎ（心がオープンになり）、こちらの依頼や要求が受け入れられる可能性が高まります。

> **誠に〔勝手な／身勝手な／ぶしつけな／唐突な／厚かましい〕○○とは存じますが、ご協力いただけますよう、よろしくお願いいたします。**

○○には「**お願い／申し入れ／質問／提案／依頼／お誘い**」など最適な言葉を入れます。「誠に」は「**大変／はなはだ**」、「存じますが〜」は「**承知しておりますが〜**」としてもいいでしょう。たとえば「**はなはだ身勝手な申し入れとは承知しておりますが〜**」という具合です。「**突然の○○で〔恐縮ですが／申し訳ございませんが〕〜**」なども"自分の身勝手さを詫びるクッション言葉"です。

ほかにも、ビジネスシーンで多用されているクッション言葉には、以下のものがあります（ほんの一例です）。メールをはじめとする文面はもちろん、対面や電話などの会話のときにも積極的に活用していきましょう。

> ・お手間をとらせますが〜
> ・ご迷惑をおかけしますが〜
> ・ご面倒をおかけしますが〜
> ・（大変／誠に）勝手ながら〜
> ・（大変／誠に）恐れ入りますが〜
> ・（大変）失礼ですが〜
> ・（大変／誠に）申し上げにくいのですが〜

- ご無理を承知で申し上げますが〜
- お願いするのは忍びないことですが〜
- （大変／誠に）心苦しく存じますが〜
- 〔ぶしつけな／身勝手な〕お願いで大変恐縮ですが〜
- （大変）わがままを申しますが〜
- ご足労をおかけしますが〜
- ご心配をおかけしますが〜
- 〔ご迷惑／ご面倒〕でなければ〜
- もしよろしければ〜
- 差し支えなければ〜
- もし可能であれば〜
- できましたら〜
- お時間が許せば〜
- ご都合がよろしければ〜
- お手をわずらわせますが〜
- あいにくですが〜
- せっかくですが〜
- 早速ですが〜
- 残念ながら〜
- （誠に／はなはだ）僭越（せんえつ）ながら〜
- お言葉を返すようですが〜
- ○○は重々承知しておりますが〜

第2章

言いにくいことでもすんなり伝わる

大人の語彙力&モノの言い方

Scene 1 断る、辞退する

　仕事をしていれば、相手に言いにくいことを言わなくてはいけないシーンに必ず出くわします。こういうときにこそ本当の語彙力・フレーズ力が試されるのかもしれません。言いにくいことをストレートに言って相手を怒らせてしまえば、仕事に滞りや損失が生じかねません。だからといって、あまりに遠回しな言い方をすれば、真意が伝わらず、かえって相手の気持ちを害してしまうこともあります。

　語彙やフレーズを工夫することによって、「言いにくい」ことを、角を立てずに伝えることができます。その結果、好印象を残して、相手の好意や信頼を勝ち取ることもできます。「言いにくいことを、波風を立てずに伝えるスキル」は、「ピンチをチャンスに変えるスキル」でもあります。一度身につけてしまえば一生の武器になるはずです。

> **（誠に／大変）申し訳ございませんが、その日は先約がございます。**

　断るときには、「**申し訳ございませんが〜**」というクッション言葉に続けて、言いにくい断り文句を言う。この組み合わせが基本です。社内の人間に対してであれば、敬意のレベルを一段下げて「**申し訳ありませんが〜**」でもいいでしょう。一方、「申し訳ございません」や「申し訳ありません」を語尾に使いたいときは、その直前に「**お力になれず〜／お役に立てず〜／ご協力できず〜／ご要望に沿えず〜／ご**

期待に沿えず〜／力不足で〜／ご希望にお応えすることができず〜」など、場面に適した言葉を組み合わせます。もちろん、「**3月6日はどうしても外せない会合がありまして、申し訳ございません**」のように、断る理由を具体的に示してもOKです。

有効フレーズ 遠回しに断りたいときは「**〜しかねます**」が使えます。「〜しかねる」は、〈〜することがむずかしい〉の意味。「**ご要望に沿いかねます**」「**ご期待に沿いかねます**」「**承諾いたしかねます**」「**わかりかねます**」という具合に使います。きっぱり断ることがためらわれる場面で使いましょう。

> 〔あいにく／残念ながら〕、今回は参加することができません。

「あいにく〜」と「**残念ながら〜**」は、断るときに便利なクッション言葉です。「あいにく」の語源は「生憎（＝ああ憎らしい）」で、その後、〈期待や目的にそぐわないさま／都合の悪いさま／相手を思いやる・慰める〉などの意味でも使われるようになりました。一方の「**残念ながら〜**」も、「あいにく〜」とほぼ同じ意味です。断らざるを得ない自分の〈残念な気持ち〉をにじませたいときに用いましょう。

有効フレーズ 残念に思う心境をそのまま表した「**残念で仕方ありません**」も角の立たない断り文句です。「**お役に立てず残念です**」「**本当に残念です**」「**残念すぎます**」など状況に応じて表現を工夫しましょう。

大変心苦しいのですが、ご協力することができません。

　自分の〈無念さ〉を強調したいときは「**大変心苦しいのですが〜**」「**大変忍びないのですが〜**」などのフレーズが有効です。「**忍びなく**」は〈我慢できない／耐えられない〉という意味です。「**どうしても都合がつかず〜**」というフレーズも、さまざまな断りの場面で重宝します。具体的な理由を示すと角が立ちそうなときに使いましょう。また、少しかしこまったフレーズには「**不本意ながら〜**」や「**遺憾ながら〜**」があります。「不本意ながら〜」は〈自分の本当の気持ちと違うことに歯がゆさを感じた〉とき、「遺憾ながら〜」は〈思いどおりに事が運ばなくて残念に思う〉ときに使います。

有効フレーズ　〈悲しい／悔しい〉という気持ちに加え、〈申し訳ない〉という気持ちも最大限に示したいときのために「**断腸の思いですが〜**」というフレーズを覚えておきましょう。「断腸」とは〈はらわた（腸）がちぎれるほどつらく苦しい思いをする〉という意味です。

大変〔ありがたい／魅力的な〕お話ですが、ご辞退申し上げます。

〈断らなくてはいけない歯がゆさ〉を具体的に表現することで、相手に誠意が伝わりやすくなります。「**大変〔ありがたい／魅力的な〕お話ですが〜**」「**お引き受けしたいところですが〜**」「**お受けしたいのは山々ですが〜**」「**願ってもないお話ですが〜**」「**ぜひ駆けつけたいところですが〜**」「**身に余るお言葉ですが〜**」「**お気持ちは嬉しいのですが**

〜」「お役に立ちたい気持ちでいっぱいですが〜」など。どれも使い勝手のいいフレーズです。

恐れ入りますが、その日は定休日でございます。

　ふだんよく耳にする「**恐れ入りますが〜**」も、断るシチュエーションで重宝します。そもそも「**恐れ入ります**」とは、〈目上の人に迷惑をかけることを申し訳なく思う〉という意味です。「申し訳ございませんが〜」が〈お詫び〉にウエイトを置いているのに対して、「恐れ入りますが〜」は、相手への〈敬いや配慮〉にウエイトを置いた表現です。よりかしこまった表現を望むときは「**恐縮ですが〜**」を使いましょう。

私の力不足でございます。

　自分の力のなさを理由に断るときは「**私の〔力不足／実力不足〕でございます**」「**とても私には力が及びません**」「**私にはまだ荷が重すぎます**」「**私などが出る幕ではございません**」「**私の器ではございません**」「**そのような大役は、私にはもったいない話です**」などのフレーズを使い分けます。「自分の至らなさ」を理由に断ることによって、相手が納得しやすくなるほか、これ以上強く言えなくなる、という"鎮静効果"もあります。

有効フレーズ　「**○○のため、お受けすることによってかえってご迷惑をおかけしてしまうかもしれません**」という具合に、受けることに

よって"相手に与えかねない不利益"を示すアプローチもあります。〇〇には相手が納得しうる理由や根拠を入れる必要があります。

> **せっかくのお誘いですが、謹んでお断り申し上げます。**

　誘ってくれた相手への謝意を示す言葉が「**せっかく**」です。「せっかく（折角）」とは〈滅多に得られない、恵まれた状況を大切に思う気持ち〉のこと。「**せっかくの〔お誘いですが／お申し出ですが／ご依頼ですが／ご提案ですが〕〜**」のように使います（クッション言葉としての機能も備えています）。ストレートな断り文句「**お断り申し上げます**」は、その直前に「**伏して〜**」や「**謹んで〜**」を組み合わせることでキツい印象を和らげることができます。

有効フレーズ　「**せっかく**」には「**せっかく〇〇くださいましたのに〜**」という型もあります。「**せっかく〔お頼り／ご指名／お誘い／ご用命〕くださいましたのに、お役に立てず申し訳ございません**」のような使い方をします。このフレーズを使うことによって、（断られる立場にいる）相手の溜飲が少し下がり、断り文句を受け入れやすくなります。

> **出張で不在にしているため、残念ながら参加が叶いません。**

　やむを得ない事情（外部要因を含む）があって断るときには、その状況を伝えることによって、相手に理解・納得してもらいやすくなり

ます。「〇〇のため、△△が〔**叶いません／できません**〕」「**どうしても外せない〇〇があり、△△が〔叶いません／できません〕**」という具合です。ちなみに「**〜叶いません**」は、「〜できません」の言い換えフレーズとして使い勝手抜群です。〈本当は断りたくない〉というニュアンスが込められているため、断られる側も悪い気がしません。

注意ポイント 断る理由は、相手が「それなら仕方ないですね」と思える内容でなければいけません。たとえば、素直に「気が乗らないため〜」「興味がないため〜」と言えば角が立ちかねません。ときには「**仕事が立て込んでいるため〜**」「**私用があるため〜**」などと "体よくいなす工夫" も必要です。

> ## 申し訳ございませんが、開催を見送らせていただきます。

物事の実行を延ばすようなシチュエーションでは「**見送らせていただきます**」が重宝します。〈次回はOKもありえるかも〉という含みを持たせたいときは、冒頭に「**今回は**」と付けて、「今回は〇〇を見送らせていただきます」としてもいいでしょう。似た言葉に「**見合わせる**」があります。この言葉は、外部に向けてではなく、身内（社内）に向けて「〇〇の件は見合わせます」のような形で使います。

急な差し支えができてしまい、うかがえなくなってしまいました。

　急に断らなくてはいけなくなったものの、理由を具体的に示すことがためらわれるケースでは「**急な差し支えができてしまい～**」「**急な〔仕事／家庭〕の事情で～**」「**よんどころない用事ができてしまい～**」などで"かわす方法"もあります。「**よんどころない**」とは、〈やむを得ない／どうにも仕方がない〉という意味です。

社内で検討させていただきましたが、採用には至りませんでした。

　上司や会社の判断を仰いだあとで断るときは、「**社内で検討させていただきましたが～**」「**社内で十分に議論した結果～**」「**上の者とも検討させていただきましたが～**」などのフレーズが使えます。

有効フレーズ　上司や会社の判断を仰ぐ必要があるときは「**私の一存では決めかねるため～**」や「**即答しかねる点がありますので～**」などのフレーズで回答を保留します。

なにとぞ事情をお汲み取りいただき、ご容赦いただけますようお願い申し上げます。

　平身低頭して断るときは、「**なにとぞ〔内情／事情／窮状〕をお汲**

み取りいただき〜」「なにとぞ事情をご察しいただき〜」などのフレーズが効果を発揮します。いずれも、遠回しに"固い決意"を伝えています。「〔ご理解／ご了承／ご容赦〕いただけますようお願い申し上げます」も定番フレーズです。「〔ご理解のほど／ご了承のほど／ご容赦のほど〕お願い申し上げます」という具合に「○○のほど＋お願い申し上げます」の形でも構いません。

有効フレーズ ありがたい申し出やお誘いをやんわりと断りたいときは、「**お気持ちだけ頂戴いたします**」や「**お気持ちだけ（ありがたく）いただいておきます**」などのフレーズが使えます。さほど敬意を必要としない場面であれば「**お気持ちだけで結構です**」「**お気持ちだけで十分です**」と言えば済むケースもあります（傲慢な言い方にならないよう注意が必要です）。

これに懲りず、またお誘いください。

相手とこれまでどおりの関係性を維持したいときは、断り文句に続いて、"次の機会"を促す「**これに懲りず〜**」を使いましょう。同様に「**また機会がありましたら〜**」「**またの機会を楽しみにしております**」「**またのお誘いを心からお待ちしております**」なども、この先の関係性維持を促すフレーズです。

注意ポイント 断る前提として、相手がくれた依頼や案内に対してお礼を伝えるのが礼儀です。「わざわざご案内いただき、誠にありがとうございます」「ご依頼いただき、大変光栄に存じます」といった具合です。心得ておきましょう。

Scene 2 お詫びする（謝罪する）

> このたびは誠に申し訳ございません。深くお詫び申し上げます。

　謝罪の定番フレーズといえば「**誠に申し訳ございません**」と「**〔深く／謹んで／心より／重ねて／幾重にも〕お詫び申し上げます**」です。ただのお詫びでは足らないと感じたときは、「**お詫びの言葉もございません**」「**お詫びの申し上げようもございません**」などのフレーズも有効です。「お詫び」という言葉が仰々しく感じられるときは「**大変失礼いたしました**」「**〔ご面倒／ご迷惑〕をおかけいたしました**」「**大変お手を煩わせました**」などで言い換えましょう。

注意ポイント　お礼を伝えるときなどに使う「厚く」を使って「厚くお詫び申し上げます」とするのは誤りです。正しくは「**厚く＋お礼申し上げます**」「**深く＋お詫び申し上げます**」と覚えておきましょう。

> とんだ失態を演じまして、誠に申し訳ございません。

　お詫びするときには、その経緯・事実関係をきちんと説明することで許しを得やすくなります。「誠に申し訳ございません」の前に「**とんだ不始末をしでかしまして〜**」「**とんだ失態を演じまして〜**」「この

ような事態を招いてしまい〜」「ご不快の念をおかけしまして〜」「ご期待に沿えず〜」「ご要望にお応えできず〜」などのフレーズを組み合わせます。

有効フレーズ 犯したミスの種類に応じて「**気が回らず〜**」「**言葉が足りず〜**」「**失念しており〜**」「**心得違いで〜**」などのフレーズで対応してもいいでしょう。「**心得違い**」とは〈思い違い／勘違い／誤解〉の意味です。

不覚にもミスをしてしまいました。

お詫びする事柄の原因が"自分のうっかり"にある場合、「**不覚にも〜**」「**うかつにも〜**」「**油断して〜**」「**恥ずかしながら〜**」「**不用意にも〜**」「**軽率にも〜**」「**不注意で〜**」「**うっかり〜**」「**つい〜**」「**思わず〜**」などの言葉が使えます。「**うかつにもデータを消してしまいました**」という具合です。

あってはならないことと深く反省しております。

「深く反省しております」と言えば、お詫びの気持ちがより伝わりやすくなります。その直前に「**あってはならないことと〜**」「**申し開きのできないことと〜**」「**非礼このうえないことと〜**」「**礼儀知らずもはなはだしく〜**」などの反省の弁を添えることで印象はさらによくなります。ちなみに「深く反省」のさらに上をいく反省語彙には「**猛省**」があります。「猛省」とは〈強く反省する〉という意味。たとえ、書

面やメールの文面であっても、「猛省しております」と書けば、一層深々と頭を下げている様子が相手に伝わるはずです。

弁解の余地もございません。

　お詫びするときには、自分の非を素直に認めることも大切です。「**弁解の余地もございません**」「**弁明のしようもありません**」「**言い訳が立たないことは承知しております**」「**私の至らなさが招いた結果です**」「**私の〔力不足／不注意／不手際〕です**」「**私の〔力／考え〕が及びませんでした**」などのフレーズで自分の非を明確にすることで、相手から"むしろ立派"と思われることもあります。

不徳の致すところです。

　自分のミスや過失で招いたネガティブな事案に対して、反省の意を表明するときの慣用句です。「**不徳**」とは〈人徳が備わっていなかったり、不道徳であったりすること〉。"不徳な自分が情けない"というニュアンスを含むフレーズです。

このたびの無礼をお許しください。

　非礼の許しを請うときは「**無礼をお許しください**」、失礼な態度が多数あるときは「**非礼の数々をお詫びいたします**」が使えます。また、自分の部下などがミスや不祥事を犯した場合は、管理・監督する立場

としての注意不足や配慮不足を詫びるフレーズ「**監督不行き届きでした**」が有効です。

注意ポイント 自分以外の人に責任を転嫁(てんか)しようとすると、「謝罪の気持ちがない(弱い)」と思われかねません。同じく、安易な"言い逃れ"や"言い訳"も禁物です。注意しましょう。

会議でいただいたご指摘はごもっともです。

相手の指摘や助言、怒りなどを真摯(しんし)に受け止めることも、お詫びのプロセスの一環です。「**～の件は、おっしゃるとおりです**」「**〔ご指摘／お怒り〕は、ごもっともです**」「**〔お腹立ち／ご指摘〕は無理もないことです**」「**○○は〔もってのほかでした／とんでもないことでした／あってはならないことでした〕**」などのフレーズを駆使して"相手の言葉や感情を真摯に受け止めたこと"を伝えましょう。

責任を痛感しております。

「**責任を痛感しております**」「**未熟さを痛感しております**」「**自責の念にかられております**」「**痛恨の極みでございます**」という具合に、自分が感じている"心の痛み"を伝えることでも、お詫びの気持ちと誠意を伝えることができます。

御社の〇〇社長に合わせる顔がありません。

　失敗したことを情けなく思う気持ちを表して、お詫びの気持ちを伝えることもできます。「**合わせる顔がありません**」「**穴があったら入りたいです**」「**〔お恥ずかしい／情けない〕限りです**」「**面目ないことです**」「**忸怩たる思いです**」「**立つ瀬がありません**」「**汗顔の至りです**」という具合です。「**面目**」は〈人に合わせる顔〉、「**忸怩**」は〈恥ずかしいこと〉、「**立つ瀬**」は〈立場〉、「**汗顔**」は〈顔に汗をかくほど恥ずかしく感じること〉です。

ご容赦くださいますよう、よろしくお願いいたします。

〈許してほしい／勘弁してほしい〉という気持ちを伝えるときには、「**〔ご容赦／お許し／ご勘弁〕くださいますよう、お願い申し上げます**」「**〔ご容赦／お許し／ご勘弁〕ください（ませ）**」「**〔ご容赦／お許し／ご勘弁〕願います**」などの言い回しが使えます。「幸い」を組み合わせた「**〔ご容赦／お許し／ご勘弁〕いただければ幸いです**」もスマートな表現です。

今後は二度とこのようなことがないよう、厳重に注意いたします。

　今後の改善を示したいときは、場面に応じて「**厳重に注意いたします**」「**万全の注意を払います**」「**万全を期す覚悟です**」「**〇〇に△△を**

周知徹底させます」「以後、気をつけます」「細心の注意を払います」「○○を肝に銘じます」「今後は襟を正して、○○に〔尽力／精進／邁進〕いたします」などのフレーズを使い分けます。また、これらの言葉の直前に"もう二度としない"旨を添えれば、相手の許しをより得やすくなります。「**二度とこのようなことがないよう〜**」「**今後はこのような不手際がないよう〜**」「**今後はこのような〔ミス／過ち／不始末〕を起こさないよう〜**」などが一例です。

注意ポイント お詫びの最後を「**これに懲りず、今後ともどうぞよろしくお願い申し上げます**」と締めることができれば、少し明るく前向きな印象を残すことができます。言うまでもありませんが、このフレーズが使えるのは、誠心誠意、お詫びと反省を伝えてからです。中途半端な状態での使用は控えましょう。

有効フレーズ 書面やメールでお詫びをする場合、結語に「**略儀ではございますが、まずは〔書面／メール〕にてお詫び申し上げます**」のフレーズを用いてもいいでしょう。「**略儀ですが**」は〈本来なら直接伺ってご挨拶すべきところですが〉という意味。この言葉は「**略儀ではございますが、書中にてお礼申し上げます**」のようにお礼状にも使えます。

Scene 3 反論する、意見する、指摘する

> 出過ぎたまねとは存じますが、ひと言言わせてください。

　目上の人に対して、いきなり意見を言えば、角が立つかもしれません。意見を言う前に「**出過ぎたまねとは存じますが〜**」「**余計なことは存じますが〜**」「**大変失礼ながら〜**」「**誠に申し上げにくいのですが〜**」「**愚見ですが〜**」などのクッション言葉を使いましょう。「愚見」とは〈自分の意見をへりくだって言う言葉〉のことです。また、「**僭越ながら〜**」も有効です。「僭越ながら〜」は謙遜の常套句で〈身分や権限を超えて出過ぎたことをしますが〉の意味。「**僭越ながら、ご忠告申し上げます**」という具合に使います。

有効フレーズ①　〈出しゃばること／余計なことをすること〉という意味の「**差し出がましい**」や、〈身のほどをわきまえずにしゃしゃり出る〉という意味の「**おこがましい**」も、それぞれクッション言葉として使えます。「**差し出がましいようですが〜**」「**おこがましいことを承知で申し上げますが〜**」という具合です。

有効フレーズ②　「**はばかりながら〜**」は少し格調の高いクッション言葉で、〈遠慮すべきことかもしれないが／恐れながら〉という意味です。「**はばかりながらご助言差し上げます**」のような形で使います。

> お言葉を返すようですが、そのご意見には同意できません。

「**お言葉を返すようですが〜**」は、ストレートに反論するときのフレーズです。かなりキツめの表現ですので、使用は相応の場面に限ります（少し意見する程度の場面で使うものではありません）。もう少しソフトな表現を望むなら「**確かにおっしゃるとおりですが〜**」「**お言葉はごもっともでございますが〜**」「**おっしゃることは重々理解しておりますが〜**」のように、相手の言葉を受け止めるフレーズがおすすめです。相手の指摘や苦言が明確な場合は反論せずに「**それは手厳しいご意見ですね**」と、にこやかに相手の言葉を軽く受け流すことも大切です。

> まずは担当者に相談するのが筋ではないでしょうか？

少し強めに意見するときには「**〜するのが〔筋／道理〕ではないでしょうか？**」「**〜するのが適切な処置ではないでしょうか？**」のように"疑問形"で述べるアプローチも有効です。議論の場で正論を述べたい場面にも使えます。少し乱暴な意見を言う自覚があるときは「**暴論を承知で言えば〜**」や「**少し乱暴なことを言いますと〜**」のように予防線を張ることも大切です。前置きなく暴論を吐くよりも、相手が言葉を受け止めやすくなります。「**暴論**」とは〈道理を外れた乱暴な議論・意見〉のことです。

この契約内容には、承服しかねます。

　納得できないときや受け入れられないときは「**承服しかねます**」や「**納得いたしかねます**」が使えます。「**承服**」は〈納得して従うこと〉で、「**〜しかねる**」は〈〜することがむずかしい〉という否定の意味です。

`有効フレーズ`「**割り切れない気持ちが残ります……**」は、"反論しようとは思わないけど、納得はしていない状態"で使うフレーズです。モヤモヤした気持ちを伝えたいときに使いましょう。

話の腰を折るようで、申し訳ございません。

　失礼を承知しつつも、どうしても相手の話に割って入る必要があるときに有効なフレーズです。いきなり口を挟めば失礼と思われかねませんが、「**話の腰を折るようで、申し訳ありませんが〜**」と前置きすることで、相手の機嫌が損なわれにくくなります（聞く耳をもちやすくなります）。

私の記憶違いかもしれませんが、予算がひと桁違う気がします。

「**私の記憶違いかもしれませんが〜**」は、自分の記憶があいまいなときの"リスクヘッジ（＝危険回避）"として使えるフレーズです。も

ちろん、相手の発言が以前と違うと感じたときにも有効です（「話が違いませんか？」という言葉を飲み込んで使います）。

老婆心ながら、ひと言いいでしょうか？

「**老婆心**」とは、もともとは〈年とった女性が、度を超してあれこれと心配する〉という意味の言葉。転じて〈必要以上に世話を焼こうとする気持ち〉のこと。どうしても黙っていられない（忠告しないといけない）と思ったときに「**老婆心ながら〜**」と切り出します。「老婆（＝人生経験豊富）の心」ですので、目上の人から目下の人にしか使えません。同様に、「**おせっかいかもしれませんが〜**」も、目上の人に使う言葉ではありません。

蛇足ですが、私からもひと言言わせてください。

　本題を伝え終わってから何か付け加えたいときに重宝するフレーズです。「**蛇足**」とは〈不要・無用・余計なものの例え〉で、〈その昔、中国の楚の国で、蛇の絵を速く描く競争をした際、最初に描き上げた者がつい"足"まで描いてしまい、負けてしまった〉という故事から。〈言わなくていいことかもしれませんが〉というニュアンスで使われます。

Scene 4

弁解・弁明する、交渉する

「**弁解**」とは〈言い訳すること〉で、自己保身の目的を含みます。通常、弁解する側が「弁解」という言葉を使うことはありません。一方の「**弁明**」は〈自分の正当性を証明するために、理由や事情を説明して納得してもらうこと〉で、"誤解を解くこと"に軸足があります。

> **これ以上誤解が生じないよう、ご説明させていただきます。**

弁明をするときには、いきなり話し始めるのではなく、「**○○の件について〔ご説明いたします／お答えいたします〕**」などと前置きをすることによって、相手が聞く耳をもちやすくなります。状況によっては「**少し弁明のお時間をいただけますか？**」と相手に許可を求めたほうがいいケースもあります。なお、相手から強い非難や批判を受けている場合には「釈明」という言葉が適していることもあります。「**その点については、釈明させていただきます**」のように使います。

有効フレーズ 弁明する際には「**誤解を招く表現があったようですので〜**」「**行き違いがあったようですので〜**」「**ボタンの掛け違いがあったようですので〜**」「**説明が不十分な点もありましたので〜**」などのフレーズが役立ちます。言い訳がましくならないよう注意しながら使いましょう。

> **おっしゃるとおり、人員不足のため準備が遅れております。**

　相手から指摘や非難を受けた際、その内容に同意するときは「**おっしゃるとおり、〔○○は事実でございます／○○がうまくいっておりません／○○で手間取っております／○○が進展しておりません〕**」と同意の旨を示してから「**一方で△△は〜**」と弁明に入るといいでしょう。真摯に指摘を受け入れることで、相手が弁明に耳を傾けやすくなります。とはいえ、どうしても否定せざるを得ない場面もあるでしょう。そういうときには「**おっしゃることはわかりました。しかし〜**」のように返答します。これなら、相手の指摘に同意したことになりません（意味はわかった、と伝えているにすぎません）。

注意ポイント　弁明時には「**実を申しますと、今月から担当者が代わったため〜**」と正確な情報を伝えることも大切です。ただし「事実説明」と「言い訳」は紙一重です。"言い訳せずに事実説明する"という絶妙なサジ加減が求められる場面です。

> **データの収集方法など、腑に落ちない点もございます。**

　受け入れがたい点があるときは、その旨を率直に表現することも大切です。使えるフレーズには「**受け入れがたい点がありました**」「**判然としない点もございます**」「**腑に落ちない点もございます**」「**○○の件は納得いたしかねております**」「**同意できない部分もございます**」「**割り切れない点もございます**」などがあります。

> **再度確認したところ、搬出の遅延が原因と判明いたしました。**

　弁明の内容が具体的であるほど相手に納得してもらいやすくなります。使い勝手のいいフレーズには「**改めて確認したところ、原因は○○と判明いたしました**」「**(○○の事情で) やむを得ず△△に至った次第です**」「**(○○が原因で) △△せざるを得ませんでした**」などがあります。相手の誤解を解くためには、冷静かつ論理的に事実を伝えなければいけません。くれぐれも感情的になったり、言い訳がましくなったりしないよう注意しましょう。

> **どうぞご理解のほどよろしくお願いいたします。**

　弁明というのは、相手の納得・理解を得られて初めて成功です。弁明の締めには「**〔ご理解／ご了承〕いただければ幸いです**」「**〔ご理解／ご了承〕のうえ引き続きご協力いただければ幸いです**」「**当方の〔事情／内情〕をお汲み取りいただければ幸いです**」などのフレーズが使えます。

> **大変恐れ入りますが、来期は生産量の倍増をご検討いただけないでしょうか。**

　交渉をもちかけるときは、何はともあれ、こちらの要望を具体的に伝えなければいけません。「**○○について、再度ご検討いただけませ**

んか」「納期を〇日まで延期していただけないでしょうか」「〇〇のご相談に乗っていただけると助かります」など。もちろん、「恐れ入りますが〜」「はなはだ僭越ですが〜」「申し訳ございませんが〜」など、そのつど適切なクッション言葉を添えることも大切です。

> **〇月末まで納期をお待ちいただけるようなら、喜んでご協力いたします。**

　相手から何かしらの交渉をもちかけられたときは、単純な「イエス or ノー」ではなく、こちらが最低限死守したい要望を"条件"という形で示す方法もあります。「**20万円まででであればお値引きすることも可能です**」「**30％以上の仲介料をお約束いただければお受けいたします**」「**弊社の関連業者への発注をお許しいただければ、話を進めさせていただきます**」という具合です。

有効フレーズ　一方的かつ高圧的な物言いばかりしていては、望む成果が得られにくくなります。「**弊社としましては次回以降も貴社への発注を考えておりますので、工期の件、ご検討いただけると助かります**」のように、相手が喜ぶメリットを示してからこちらの希望を伝える。そんな人心掌握テクニックも覚えておきましょう。

第 **3** 章

知らない間に赤っ恥?

間違えやすい
日本語NG表現

Scene 1 敬語の種類と使い分け

　モノの言い方のなかでも、とくに押さえておきたいのが「敬語」です。他者を敬い尊びながら信頼関係を築いていく日本社会で、敬語は極めて重要な役割を果たしています。一方で、その複雑さゆえ、間違った使われ方をすることも少なくありません。本章では、敬語の使い方の正誤を比較する形で「正しい敬語の使い方」をお伝えします。

　敬語を正しく使えないことのリスクは想像以上に大きいものです。"呆れられる"だけならまだしも、場合によっては"小馬鹿にされる""信頼を失う""見下される""怒りを買う""敵意をもたれる"など、さまざまなペナルティを科せられる恐れがあります。社会人たるもの、正しい敬語を話せるようにしておくことは最低限のマナーと心得ておきましょう。

　敬語には大きく「**尊敬語**」「**謙譲語**」「**丁寧語**」の3種類があります。相手の立場や年齢、性格、仕事上の関係性、コミュニケーションを図る目的などを勘案したうえで、3つの敬語を適切に使い分けていきましょう。

尊敬語

相手や相手の行動に敬意を払うときに使います。基本構造は【**動詞＋「れる」「られる」**】と【**「お」「ご」＋動詞＋「なる」「なさる」「くださる」**】ですが、ほかにも「言う→おっしゃる」「見る→ご覧になる」「食べる→召し上がる」のように、表現が大きく変化するものもあります。

謙譲語

自分がへりくだることで、間接的に相手を立てる(敬意を払う)ときに使います。基本構造は**【「お」「ご」+動詞+「する」「いただく」】**と**【動詞+「いただく」「させていただく」「いたす」】**ですが、ほかにも「読む→拝読する」「思う→存じる」のように、表現が大きく変化するものもあります。

丁寧語

最後に「丁寧語」は、「借りる→借ります」のように、相手や内容を問わず、表現を丁寧にしたり、上品にしたりするケースで使います。接頭に「お」「ご」を付けることもあれば、語尾に「です」「ます」「ございます」を付けることもあります。

敬語を使うときには「**敬意を払うべき相手や行為**」を的確に把握する必要があります。これを誤ると、使う敬語を誤ってしまう恐れがあります。

たとえば、身内(社内の人)であっても、上司と部下の関係であれば、部下は上司に敬語を使って話す必要があります。一方で、取引先の人やお客様が同席している場合は、「上司」に優先して「取引先の人やお客様」に敬意を払わなければいけません。この場合、お客様を前にして上司を敬う表現は使いません。このように「実践での敬語」を身につけるためには、「知識⇔実践」を行き来しながら、体に染み込ませていくよりほかありません。

Scene 2 誤った敬語と正しい敬語

> ✗ 鈴木社長が参られました。
> ○ 鈴木社長が〔**お越しになりました**／**お見えになりました**／**おいでになりました**／**いらっしゃいました**／**来られました**〕。

「参る」は「来る」の謙譲語です。「**今から参ります**」のように使うもので、敬うべき相手の行為に使うものではありません。このケースでは「来る」の尊敬表現(「**お越しになる**」や「**お見えになる**」など)を使いましょう。

> ✗ ロビーでお待ちしてください。
> ○ ロビーでお待ち**になってください**。

「お待ちする」は「待つ」の謙譲語です。「**ロビーでお待ちしております**」のように使います。敬うべき相手の行為に使う場合は「待つ」の尊敬語である「**お待ちになる**」を使いましょう。

△ 久保田様でございますか？
○ 久保田様で**いらっしゃいますか？**
○ （私は）吉岡で**ございます。**

△ 部長のご出身はどちらでございますか？
○ 部長のご出身はどちらで**いらっしゃいますか？**
○ （私の出身は）鹿児島で**ございます。**

△ お元気でございますか。
○ お元気で**いらっしゃいますか。**
○ （私は）元気で**ございます。**

「ございます」は、「ある」「である」を丁寧にした表現で、同じく「ある」「である」を丁寧に表現した「あります」「です」よりも、さらに高い敬意を示す言葉です。したがって、「久保田様でございますか？」も完全な誤りではありません。しかし、「ございます」の用例の多くは「**私は元気でございます**」「**こちらが資料でございます**」など、自分に関係する事柄に使うのが一般的です。

相手を高めたいケースでは、「いる」の尊敬語である「**いらっしゃる**」を使って、「**○○様でいらっしゃいますか？**」と聞くほうがスマートです。相手には「いらっしゃいます」を使い、自分には「ございます」を使う、という使い分けを覚えておくといいでしょう。

> ✕ 企画書を拝見されてください。
> ◯ 企画書を〔**ご覧ください／ご覧になってください／ご覧くださいませ**〕。

「拝見する」は「見る」の謙譲語ですので、敬う相手の行為には使えません(「拝聴」「拝受」なども同様です)。一方、「見る」の尊敬語は「**ご覧になる**」であり、「見る＋ください」の正式な尊敬表現は「**ご覧になってください**」です。少し敬意は下がりますが、省略型の「**ご覧ください**」でもOK。もう少しソフトにしたいときは「**ご覧くださいませ**」と言ってもいいでしょう。

> ✕ 何かご質問がありましたら、遠慮なくおうかがいください。
> ◯ 何かご質問がありましたら、遠慮なく〔**お尋ねください／お聞きください**〕。

「うかがう」は「尋ねる」の謙譲語です。へりくだって「**うかがいたいことがあります**」などと使います。敬う相手の行為に使うときは、「尋ねる」の尊敬語にあたる「**お尋ねになる**」か「**お聞きになる**」を使います。「尋ねる＋ください」の正式な尊敬表現は「**お尋ねになってください**」「**お聞きになってください**」です。少し敬意は下がりますが、省略型の「**お尋ねください**」「**お聞きください**」でもOKです。ちなみに、「尋ねる」の謙譲語には「**お尋ねする**」や「**お聞きする**」もあります。したがって「**少し〔お尋ね／お聞き〕したいことがございます**」という言い方も間違いではありません。

> ✕ プロジェクトの件は、うかがっておりますか。
> ○ プロジェクトの件は、**お聞きになりましたか。**

「聞く」の謙譲語が「うかがう」です。へりくだる形で「**プロジェクトの件は、うかがっております**」のように使います。相手を高めるときには「聞く」の尊敬語である「**お聞きになる**」を使います。

> ✕ 弊社の高木がよろしくとおっしゃっていました。
> ○ 弊社の高木がよろしくと**申しておりました。**

「おっしゃる」は「言う」の尊敬語です。外部の人と話をするときに、身内（自社の人間）の発言に使うものではありません（立てるべきは外部の人です）。「言う」の謙譲語「**申す**」を使います。

> ✕ いま社長が申されたように〜
> ○ いま社長が〔**おっしゃったように〜／言われたように〜**〕

「申す」は「言う」の謙譲語です。相手を敬う場面では使えません。尊敬語の「**おっしゃる**」か「**言われる**」を使います。なお、相手の言葉の意味を確認する目的で返す際に「○○と申しますと？」と言うのも誤りです。正しくは「**○○とおっしゃいますと？**」です。

第3章　間違えやすい日本語NG表現

> ✕ 誠に恐縮とは存じますが、ご返信いただければ幸いです。
> ○ **誠に恐縮ですが、ご返信いただければ幸いです。**

「**恐縮**」は〈相手への感謝の気持ちや、迷惑をかけて申し訳ないという気持ち〉を示すへりくだりの表現です。したがって、敬意を払う相手の行為に対して使うことはできません。「恐縮とは存じますが〜」としてしまうと"あなたは恐縮していると思いますが〜"とも読めてしまい、奇妙な意味になってしまいます。

> ✕ ご利用できます。
> ○ ご利用**になれます**。
> ○ ご利用**いただけます**。

「ご利用できます」から"可能表現（できる）"と「ます」を取ると、「ご利用する」となります。「お（ご）＋動詞＋する」は、自分がへりくだるときに使う謙譲語で、敬意を払う相手の行動には使えません。「利用する」の尊敬語は「ご＋動詞＋なる」の形式にあてはめた「**ご利用になる**」です。自分が利用してもらう立場にいるときは、謙譲語を使って「**ご利用いただけます**」と言うこともできます。

> ✕ 忘れ物**いたしません**よう、お気をつけください。
> ◯ 忘れ物**なさいません**よう、お気をつけください。

「いたす」は「する」の謙譲語です。敬うべき相手には使えません。尊敬語の「**なさる**」を使います。

> 【お客様の荷物を預かった際に】
> ✕ こちらのお荷物はいかがなさいますか？
> ◯ こちらのお荷物はいかが**いたしますか**？

「なさいますか？」は、「する」の尊敬語「なさる」を使った表現です。相手の行為を尋ねるときに使います。「**明日の朝食はいかがなさいますか？**」という具合です。一方、「いかがいたしますか？」は、相手のために自分がする行為について尋ねるときに使います。相手の荷物をどう扱うかを確認するときは「**お荷物はいかがいたしますか？**」が自然です。

> 【社長の前で】
> ✕ この商品については、よく知っております。
> ◯ この商品については、よく**存じて**おります。

「おる」は「いる」の謙譲語ですが、「知っております」では目上の人に対する敬語としては不十分です。この場合は、「知る」の謙譲語「**存じる**」を使います。

> ✕ 上野様のことは、かねてから存じております。
> ◯ 上野様のことは、かねてから**存じ上げて**おります。

「存じる」は、「知る」の謙譲語ですが、「**そのプランについては存じております**」という具合に、対象が人以外のときに使う言葉です。一方、「存じ上げる」の「上げる」には〈人を敬う〉というニュアンスが含まれています。したがって、対象が人のときは「**存じ上げる**」を使いましょう。

> ✕ 社長、準備は結構でしょうか？
> ◯ 社長、準備は**よろしい**でしょうか？

「結構」という言葉は、質問に答えるとき、たとえば、「**はい、それで結構です**（肯定の意味）」「**いいえ、結構です**（否定の意味）」という具合に使います。人に何かを尋ねるときに使う言葉ではありません。

> ✕ 佐藤専務様はいらっしゃいますか？
> ◯ **佐藤専務**はいらっしゃいますか？

「専務」は敬称ですので、ほかの敬称（「様」や「さん」）を重ねるのはおかしいです。

> ✕ 弊社の担当は山下課長でございます。
> ○ 弊社の担当は**課長の山下**でございます。

外部の人に身内（自社の人間）について語るときは、名前のあとの敬称は省略するのがマナーです。「柳下社長 → **社長の柳下**」「青木マネージャー → **マネージャーの青木**」のような形で伝えましょう。このとき、名前のあとに「さん」などの敬称は付けません。

> ✕ 会議室はこちらになります。
> ○ 会議室はこちらで**ございます**。

「です」の丁寧表現として「〜になります」を使う人が少なくありませんが、これは誤用です。「です」をより丁寧に表現したいときは「ございます」を使いましょう。ちなみに、「なります」は〈状態の変化を示す言葉〉で、「**今年で入社10年目になります**」「**4月から課長になります**」のように使います。

> ✕ 資料をご持参ください。
> ○ 資料を**お持ち**ください。

「持参」は〈持って参る〉という意味の謙譲表現ですので、自分の行為以外には使いません。「持参」に「ご」をつけても尊敬表現にはなりません。正しい言い方は、尊敬表現を使った「**お持ちください**」です。あるいは「**ご用意ください**」などの表現で対応してもいいでしょう。

> ✕ 部長がご参加いたす予定です。
> ✕ 部長がご参加される予定です。
> ◯ 部長が**参加される**予定です。
> ◯ 部長が**ご参加なさる**予定です
> ◯ 部長が**ご参加になる**予定です。

「いたす」は「する」の謙譲語ですので、敬うべき対象の行動に使うのは誤りです。「する」の尊敬語は「される」と「なさる」です。ただし、「なさる」のほうが「される」よりも敬意が強めです。また、「お（ご）＋動詞＋なさる」という使い方はありますが、「お（ご）＋動詞＋される」という使い方はほとんどしません。なお、尊敬語には「お（ご）＋動詞＋になる」という型もあります。

> ✕ 社長もお目にかかりますか？
> ◯ 社長も**お会いになりますか？**

「お目にかかる」は「お会いする」と同じく、「会う」の謙譲語です。**「本日、〇〇社長にお目にかかりました」**という具合に、目上の人に会うときに使います。敬意を払うべき相手の行動に対しては、尊敬語の**「お会いになる」**を使います。

> ✕ 三田社長が会議室でお待ちしております。
> ◯ 三田社長が会議室で**お待ちになっています**。

「お待ちする」は「待つ」の謙譲語で、「おります」は「いる」の謙譲語です。敬意を払う相手には使えません。「**ここでお待ちしております**」のように、へりくだる形で使う言葉です。目上の人の行為を指す場合は、尊敬語の「お（ご）＋動詞＋なる」の型で作る「**お待ちになる**」を使いましょう。

> ✕ ご確認してください。
> ◯ **ご確認ください（ませ）。**
> ◯ **ご確認なさってください。**

「ご＋動詞＋する」は、自分がへりくだって相手を立てるときに使われる謙譲語です。「**ご連絡する**」のように使います。丁寧表現の「ください」を付けても尊敬の意味になりません。尊敬表現にしたいときは「ご＋動詞＋くださる」の形で「**ご確認ください（ませ）**」とします。より敬意を高めたいときは「ご＋動詞＋なさる」＋「ください」の形で「**ご確認なさってください**」としましょう。

注意ポイント　漢字二文字の熟語に「ご（お）～してください」を組み合わせると、奇妙な敬語になりかねません。「ご確認してください」「ご利用してください」「ご返信してください」「ご注文してください」などがその一例です。この場合、それぞれ「して」を省くことで（「ご＋動詞＋くださる」の形にすることで）、正しい尊敬表現となります

第3章　間違えやすい日本語NG表現

(「**ご確認ください**」「**ご利用ください**」「**ご返信ください**」「**ご注文ください**」など)。

> △ 皆さまでお食べになってください。
> ○ 皆さまで**召し上がってください**。

「お食べになる」も「召し上がる」も「食べる」の尊敬語です。どちらの表現も誤りではありません。ただし、敬意の度合では「**召し上がる**」に軍配が上がります（「食べる」という言葉に"品がない"というイメージがあるため）。では、尊敬語の「召し上がる」に尊敬表現の「お（ご）〜ください」を付けた「**お召し上がりください**」という表現はどうでしょうか？　この表現を「二重敬語（過剰な敬語）」と指摘する向きもあります（二重敬語については104ページ参照）。しかし、慣用化が進んだ現在では違和感を抱く人も少ないため、使用を控える必要はありません。

> × 来ていただけますか？
> ○ **お越しいただけますか？**
> ○ **おいでいただけますか？**

「来る」に「もらう」の謙譲語である「いただく」を付けても尊敬表現にはなりません。「来る」の尊敬語である「**お越しになる**」や「**おいでになる**」に、「**いただく**」を組み合わせましょう。

> ✕ （社内の）誰にご用でしょうか。
> ✕ （社内の）どなたにご用でしょうか。
> ○ （社内の）**どの者に**ご用でしょうか。
> ○ （社内の）**どちらの者に**ご用でしょうか。

「どなた」は「誰」の敬語です。外部の人と話しているときに身内（自社の人間）を指して使う言葉ではありません。かといって「誰にご用でしょうか」では丁寧さがありません。このケースでは「**どの者に**」や「**どちらの者に**」を使うのがスマートです。

> △ お座りになってお待ちください。
> △ 座られてお待ちください。
> ○ **おかけになって**お待ちください。

「座る」の尊敬語は「お座りになる」「座られる」「おかけになる」です。ただし、「座る」は犬の躾（しつけ）などにも使われる言葉であるため、敬意を払う相手への使用は控えたほうがいいでしょう。この場合は、誤解されにくく、なおかつ敬意もしっかり伝わる「**おかけになる**」を選びましょう。

> △ お世話様です。
> ○ **(いつも) お世話になっております。**

　会話でもメールでも「お世話様です」が頻繁に使われていますが、敬意の軽い"くだけた表現"ですので、目上の人には使ってはいけません。失礼にならないよう「**(いつも) お世話になっております**」と言いましょう。

> 【課長が上司の場合】
> × 課長、ご苦労さまです。
> ○ 課長、**お疲れさまです。**

「ご苦労さま」には目上の人が目下の人をねぎらう意味があるため、上司や先輩に対して使うと失礼にあたります。この場合は「**お疲れさまです**」が適切です。

> △ 気に入っていただけましたか。
> ○ **お気に召していただけましたか。**

「気に入ってもらえる」の「もらえる」を謙譲表現にしたのが「気に入っていただく」です。言葉としては間違っていませんが、敬意の度合が高くありません。目上の人に対しては「気に入る」の尊敬語「**お気に召す**」を使うといいでしょう。

> ✕ ほめてもらって光栄です。
> ◯ **おほめいただき**光栄です。

　目上の人にほめてもらったときに「ほめてもらって」と敬意のないフレーズで返すのはNGです。謙譲表現である「お＋動詞＋いただく」の形を使って「**おほめいただき**」とすれば、ほめた側も気をよくするはずです。

> ✕ うちでは飲食事業も行っています。
> ◯ 〔**弊社では／私どもでは**〕飲食事業も行っています。

　仕事の場で「うちでは〜」はくだけすぎです。相手がお客様や取引先の場合は、謙譲表現の「**弊社では〜**」を使います。もう少し表現をソフトにしたいときは「**私どもでは〜**」としてもいいでしょう。

> △ もう一度おっしゃってください。
> ◯ もう一度**おっしゃっていただけませんか**。

「**おっしゃる**」は「言う」の尊敬語ですが、「おっしゃってください」と言うと、やや命令口調に聞こえてしまいます。「もらう」の謙譲語の「いただく」を使うことによって、より敬意のこもった言い回しになります。

> △ 本日、山田はお休みをいただいております。
> ○ 本日、山田は**休暇をとっております**。
> ○ 本日、山田は**休んでおります**。

「お休みをいただいております」という表現は賛否が分かれています。「いただく」は「もらう」の謙譲語です。したがって、該当者（山田）の休みが何らかの形で相手に関係している場合は〈休ませてもらう〉の意味で「休みをいただく」と言えます。しかし、言われた側が"山田さんの休みは自分とは関係ないし、ましてや自分が休みを与えたわけでもない"と感じた場合には、不自然と受け取られかねません。また、「お休み」は「休み」に「お」を付けた美化語ですが（107ページ参照）、相手に尊敬語と捉えられるとやっかいです。受け取り方は相手次第のため、誤解を招くリスクは避けられません。結論としては、該当者（山田）の休みが、明らかに相手に関係している場合を除いては、別の表現に言い換えたほうが賢明です。おすすめは「**休暇をとっております**」です。

> ✕ ご解説していただいた。
> ○ **ご解説いただいた。**
> ○ **解説していただいた。**

「ご解説する」は「ご（お）〜する」の型で作られる謙譲語です。しかし、そこに「もらう」の謙譲語の「いただく」を組み合わせて「ご解説していただく」としてしまうと、「解説」という相手の行為を謙譲で表現するという奇妙な言い回しになります。一方、「**ご解説いた**

だいた」であれば、自分の行為である「解説してもらう」の謙譲語につき失礼にあたりません。なお、相手の行為である「解説する」に謙譲語の「いただく」を付けた「**解説していただいた**」も問題なく使えます。

> ✕ 原部長、いま、お時間いかがでしょうか？
> ◯ 原部長、いま、**お時間よろしいでしょうか？**

　尋ねる形で「いかがでしょうか？」が使えるのは、「**コーヒーはいかがでしょうか？**」と何かを勧めたり、「**部長のお考えはいかがでしょうか？**」「**ご都合はいかがでしょうか？**」と相手に意見や感想を求めたりするときです。
　一方、「よろしいでしょうか？」は、「**半休をいただいてもよろしいでしょうか？**」と許可を求めたり、「**お聞きしてもよろしいでしょうか？**」と支障がないかを尋ねたりするときに使います。時間の「ある・なし」について尋ねるときも「**よろしいでしょうか？**」を使います。

> △ 社長、ご一緒いたします。
> △ 社長、ご一緒させていただきます。
> ◯ 社長、**お供いたします。**
> ◯ 社長、**お供させていただきます。**

「ご一緒いたします」「ご一緒させていただきます」は、言葉としては丁寧ですが、そもそも「一緒」という言葉が"相手と並んで"という意味を含んでいるため、言われて気分を害する人もいるようです。

目上の人へのフレーズとしては「**お供いたします**」か「**お供させていただきます**」が適切です。

> ✕ あっちでレジュメをいただいてください。
> ◯ **あちら**でレジュメを**お受け取りください**。

「いただく」は、「もらう」の謙譲語で、へりくだる形で「**レジュメをいただけますか？**」のように使います。敬うべき相手の行為には尊敬語の「**お受け取りになる**」を使いましょう。なお、「あっち」は、もう少し丁寧に「**あちら**」と言い換えましょう。

> ✕ どうぞ奥様に差し上げてください。
> ✕ どうぞ奥様にお渡ししてください。
> ◯ どうぞ奥様に**お渡しください**。

「差し上げる」は「与える」の謙譲語です。「お渡しする」も「ご（お）〜する」の謙譲表現です。それぞれ、へりくだる形で「**私から差し上げます**」「**私からお渡しします**」という具合に使います。「渡す」という行為をするのは敬うべき相手ですので、尊敬表現の「ご（お）〜くださる」を使って「**お渡しください**」としましょう。

> △ どなた様ですか？
> ◯ **どちら様でいらっしゃいますか？**

「どなた様」も「どちら様」もしばしば耳にしますが、「どなた様」のほうがより個人的な正体に迫る雰囲気があります（「あなた誰？」と言っている感じです）。一方、「**どちら様**」は、所属する会社などを含め、ざっくりと不特定の場所や方向を指す場合に使います。ビジネスシーンでは「**どちら様**」を基本にするといいでしょう。「**お名前をお聞かせいただけますか？**」「**お名前をうかがってもよろしいでしょうか？**」のように言い換えてもいいでしょう。

> ✕ どう思いますか？
> ◯ **いかがお思いになりますか？**
> ◯ **どのように思われますか？**

目上の人に対して「どう思いますか？」というのは失礼です。尊敬語の「**お思いになる**」や「**思われる**」を使いましょう。「**どう**」という言葉もくだけすぎていると感じるときは「**いかが**」や「**どのように**」への言い換えを検討しましょう。ちなみに「お思いになる＋られる」で構成される「いかがお思いになられますか？」は、ひとつの語にふたつの敬語を重ねた二重敬語です。使用は控えましょう（104ページ参照）。

> ✕ 部長、お客様をお連れいたしました。
> ◯ 部長、お客様を**ご案内いたしました**。

「連れる」は〈自分と同列の人や目下の人を従える〉という意味で使われる言葉です。そのため、「お連れいたしました」では、お客様に

失礼にあたります。「**ご案内する**」であれば、お客様に敬意が払われています。「来る」の尊敬語の「**お見えになる**」を使って「**お客様がお見えになりました**」と言い換えてもいいでしょう。

> △ ご案内して差し上げます。
> ○ **ご案内いたします。**

「ご案内して差し上げます」は、「案内する」と「あげる」をそれぞれ謙譲表現にした「敬語連結」です。敬語連結とは〈ふたつ以上の語をそれぞれ敬語にして接続助詞「て」で両者をつなげた言葉〉のことで（106ページ参照）、「二重敬語」とは区別されています（許容されています）。とはいえ、敬語が並ぶため"くどい"と感じる人も少なくありません。「お（ご）〜いたす」の型を使って、シンプルに「**ご案内いたします**」と言いましょう。

> △ お受けできません。
> ○ **お受けいたしかねます。**

「〜できません」は丁寧語を含んだ敬語表現ですが、断り方としてはやや強めです（相手に冷たい印象を与えます）。「する」の謙譲語「いたす」に〈〜することがむずかしい〉という意味の「〜しかねる」をつけた「**いたしかねます**」を使うと、少しソフトな表現になります。状況に応じて使い分けましょう。

> ✕ 弊社担当にお伝えいたします。
> ◯ **弊社担当に申し伝えます。**

「お」をつけて「お伝えします」と言ってしまうと、身内（自社）の担当者を敬う形になってしまいます。この場面では「言い伝える」の謙譲語である「**申し伝える**」を使います。「**申し伝えます**」は、敬意を払うべき相手の言葉を身内（自社の人間）に伝えるときの表現です。もちろん、伝言する先が社外の人である場合は、その伝言相手への敬意を込めて「**〜様にお伝えいたします**」と言う必要があります。

> △ 行ってらっしゃい。
> ◯ 行ってらっしゃい**ませ**。

「行ってらっしゃい」は十分な敬意を含んだ敬語です。しかし、親しい間柄でも使われる言葉のため、「敬意が足りない」と感じる人もいるようです。目上の人を送り出すときには、語尾に「ませ」を添えて「**行ってらっしゃいませ**」と言うのがベター。「**お気をつけて、行ってらっしゃいませ**」と言えば、さらに丁寧になります。ちなみに、自分が出かけるときは（その場に目上の人がいるなら）「行ってきます」ではなく「**行ってまいります**」と丁寧に言いましょう。

> ✕ そうは考えなかったです。
> ○ そうは**考えませんでした**。

　動詞に「です」をつける表現は稚拙でビジネスシーンになじみません。「思わなかったです」ではなく「**思いませんでした**」、「しなかったです」ではなく「**しませんでした**」と言いましょう。

> 【上司に初めて報告書を提出する際に】
> ✕ こちらでよろしかったでしょうか？
> ○ こちらで〔**よろしいでしょうか？／よろしいですか？**〕

「よろしかったでしょうか？」は"バイト敬語"と呼ばれるもので、事前にやり取りしていた内容の確認でないにもかかわらず過去形で表現している点が不自然です。シンプルに「**よろしいでしょうか？**」や「**よろしいですか？**」としましょう。

> ✕ スポーツはおやりになりますか？
> ○ **スポーツはなさいますか？**

「やる」は「する」のくだけた表現です。そこに尊敬表現の「お（ご）〜なる」を組み合わせても、敬意は高まりません（敬意を払う相手の行為には使えません）。この場合は「する」の尊敬語である「**なさる**」を使います。

「くださり」と「いただき」の使い分け

○ **ご助言くださり**、ありがとうございます。
○ **ご助言いただき**、ありがとうございます。

　どちらの表現も間違いではありません。「ご助言くださり」は「くれる」の尊敬語で、〈相手が助言してくれたこと〉に対して感謝を伝えたものです。一方、「ご助言いただき」は「もらう」の謙譲語で、〈私がもらった助言〉に対して感謝を伝えたものです。使い分けに明確な線引きはありませんが、強いて言うなら、相手が（主体的・積極的に）何かしてくれたときは「**くださり**」を使い、自分がお願いして何かしてもらったときは「**いただき**」を使うと、なじみやすくなります。たとえば、予期せず参加してくれた方には「**ご参加くださり、ありがとうございます**」、こちらの誘いを受けて参加してくれた方には「**ご参加いただき、ありがとうございます**」という具合です。"感謝の観点をどこに置くか"を考慮して使い分けましょう。

Scene 3

「二重敬語」に要注意！

　ひとつの言葉に同じ種類の敬語を重ねることを「**二重敬語**」といいます。"失礼にならないように"と慎重になるあまり、思わず使ってしまう人が多いようです。しかし、"くどい""慇懃無礼""過剰"と感じる人も少なくないため、ビジネスシーンでの使用は控えたほうがいいでしょう。たとえば、「石田社長がおっしゃられました」は、「言う」の尊敬語「おっしゃる」に尊敬の助動詞「れる」をつけた二重敬語です。この場合は「**石田社長がおっしゃいました**」で十分です。「木下社長がご覧になられました」も二重敬語です。ふさわしい尊敬表現は「**ご覧になりました**」です。

使われがちな二重敬語

- 誤）ご確認くだされる → 正）**ご確認くださる**
- 誤）お話しになられる → 正）**お話しになる**
- 誤）おいでになられました → 正）**おいでになりました**
- 誤）お越しになられました → 正）**お越しになりました**
- 誤）ご出席になられる → 正）**ご出席になる**
- 誤）お帰りになられました → 正）**お帰りになりました**
- 誤）お聞きになられましたか？ → 正）**お聞きになりましたか？**
- 誤）お承りしました → 正）**承りました／お受けしました**
- 誤）お求めになられました → 正）**お求めになりました**

二重敬語を防ぐ方法としては、「お（ご）」を付けたときには「れる（られる）」を使わない。一方で、「れる（られる）」を使うときは「お（ご）」を付けないという意識をもつといいでしょう。

　また、「れる（られる）」は、「尊敬」のほかにも「可能」や「受身」の意味で使われることがあります。「その言葉は、どの意味で使ったの？」と思われないようにするためには、尊敬表現の「れる（られる）」を控えて、ほかの言葉に言い換える方法が有効です。「見られましたか？ → **ご覧になりましたか？**」といった具合です。

　ちなみに、「石田社長様」「小林課長様」という具合に敬称を重ねるのも二重敬語です。正しくは「**石田社長**」か「**石田様**」、「**小林課長**」か「**小林様**」です。同様に、「関係各位殿」も二重敬語です。〈みなさま〉を意味する「各位」には敬意が含まれています。正しくは「**関係各位**」です。

　以下は、慣用化しつつある二重敬語です。「慣用化しつつある」ということは、"こちらのほうが自然" と考える人が増えてきているということ（もちろん、不自然だと感じる人もいます）。慣用化のレベルを見極めながら「使う or 使わない」を判断しましょう。

慣用化しつつある二重敬語

- お召し上がりになる（「召し上がる」＋「お〜になる」）」
- お見えになる（「見える」＋「お〜になる」）
- おうかがいする（「うかがう」＋「お〜する」）
- ご連絡いたします（「ご連絡する」＋「いたす」）
- 承知いたす（「承知する」＋「いたす」）
- 拝見いたす（「拝見する」＋「いたす」）
  ※「拝読いたす」や「拝聴いたす」も同様

「〜いただけますでしょうか？」も二重敬語？

①ご確認いただけますか？
②ご確認いただけますでしょうか？

「ます」と「です」を重ねた②の「**〜いただけますでしょうか？**」は、厳密にいえば二重敬語です。本来の表現は①の「**〜いただけますか？**」です。とはいえ、本来の表現では"言い方がキツい""敬意が足りない"と感じる人もいるようです。言葉の使い方に唯一の正解はありません。①と②の表現はどちらも見聞きします。自分自身の感覚（違和感の有無）やTPOを見極めながら、使い分けていくよりほかありません。

ふたつの敬語をつなぐ「敬語連結」

「**社長が、そうおっしゃっていらっしゃる**」というフレーズでは、「おっしゃる」「いらっしゃる」というふたつの尊敬語が使われています。しかし、これは二重敬語ではありません。接続助詞「て」でふたつの敬語をつないだ「**敬語連結**」と呼ばれるものです（誤った表現ではありません）。「社長が資料をお読みになられる」は「お読みになる（尊敬語）＋られる（尊敬語）」の二重表現ですが、「**お読みになっていらっしゃる**」は、接続助詞「て」で敬語同士をつないでいるため、敬語連結です。同様に「**ご覧になっていらっしゃる**」や「**お見えでいらっしゃる**」なども問題のない敬語連結です。もちろん、敬語というのは、むやみに連ねればいいというものではありません。"くどい"と感じたときは、敬語連結の回避を検討しましょう。回避するときには、ど

ちらか一語だけを敬語にするという方法があります。「読む」を敬語にするなら「**お読みになっている**」、「いる」を敬語にするなら「**読んでいらっしゃる**」という具合です。これらの表現であれば"くどい"とは感じないでしょう。

美化語の「お／ご」は敬語に数えない？

「明日お電話差し上げます」。この言い方は「お電話＋差し上げる」の二重敬語ではありません。なぜなら、「電話」に「お」をつけるのは、「電話」が相手のものだから……ではないからです。敬語のなかには、言葉づかいを上品にする目的で、単語の頭に「お（ご）」を付けるケースがあります。これらを「**美化語**」といいます（丁寧語の一形態です）。敬語としては「電話差し上げます」でも成立しますが、言葉にするとしっくりこないので、「電話」に「お」を付けるのです。二重敬語かどうかを判断する際、美化語は敬語に数えません。

「お」をつける美化語

お世辞、お化粧、お財布、お時間、お天気、お名前、お会計、お電話、お店、お部屋、お約束、お体、お食事、お酒、お魚、お皿、お掃除、お金……など

「ご」をつける美化語

ごあいさつ、ご意見、ご協力、ご査収、ご参加、ご希望、ご自身、ご相談、ご多忙、ご提供、ご祝儀、ご丁寧、ご当地、ご年配、ご本人、ご立派、ごゆっくり、ごもっとも、ご本、ご飯……など

Scene 4 今どきの要注意敬語

はやりの「させていただく症候群」

　なんでもかんでも「させていただきます」で済ます「**させていただく症候群**」に注意しましょう。「させてもらう」の謙譲語「させていただく」が使えるのは、〈①相手の許可が必要なケース〉と〈②自分が恩恵を受けて、相手が不利益を被るケース〉のふたつです。「**こちらは破棄させていただきます**」（①の用途）や、「**返事を保留させていただきます**」（②の用途）は、とくに問題のない使い方です。

　ところが、必要以上に相手に気を遣ってしまい、①や②に当てはまらない形で「〜させていただく」を乱用する人が増えています。たとえば「頑張らさせていただきます」。この場合は、簡潔に「頑張ります」と言えば済むはずです。同様に、①と②に該当しない例として、「○○の現場を担当させていただいております」「異動を希望させていただいております」「明日は営業させていただきます」なども過剰な「〜させていただく」です。「○○の現場を担当しております」「異動を希望しております」「明日は営業いたします」と言えば十分です。同じフレーズでも、相手との関係性や状況によって「適切or不適切」が変化します。「させていただく」を使うことで違和感が生じるときは、「〜いたします」などへの言い換えを検討しましょう。

過剰に丁寧な「さ入れ言葉」

「**さ入れ言葉**」も増えています。本来「〜せる」というフレーズは五段活用動詞（未然形「〜ない」の形にしたとき、「ない」の直前の語の母音が「あ」になる動詞）で発生します。この五段活用動詞に思わず「さ」を入れてしまったものが「さ入れ言葉」です。

[本来の言葉]	[さ入れ言葉]
・やらせる	→ やら**さ**せる
・読ませる	→ 読ま**さ**せる
・帰らせていただきます	→ 帰ら**さ**せていただきます
・休ませていただきます	→ 休ま**さ**せていただきます
・使わせてください	→ 使わ**さ**せてください
・送らせてください	→ 送ら**さ**せてください

このように、余計な「さ」を入れることによって過剰な丁寧表現ができ上がります。ちなみに、「サ行五段活用」については「試させていただきます」「話させてください」のように、「せる」ではなく「させる」が正しい形です。これらは「さ入れ言葉」ではありません。「さ入れ言葉」を使う人が増えた背景には、この形（サ行五段活用）に引きずられてしまったことと、できる限り丁寧な表現にしようとする心理が、その原因としてあるのかもしれません。

なお、最近では「休ませていただく」を「休ましていただく」、「使わせてください」を「使わしてください」とするなど、本来「せ」を使うべきところに「し」を使う人も増えています。まだ慣用の域に達していないので注意しましょう。

逆転しつつある「ら抜き言葉」

「ら抜き言葉」とは、本来「ら」が入るべきところで、「ら」を抜いてしまった表現のこと(「可能」の動詞に必要な「ら」を抜いてしまうこと)。とくに若年層を中心に「ら抜き言葉」は、かなり浸透しています。

[本来の言葉]		[ら抜き言葉]
・見**ら**れない	→	見れない
・食べ**ら**れない	→	食べれない
・起き**ら**れない	→	起きれない
・避け**ら**れない	→	避けれない
・着**ら**れない	→	着れない
・出**ら**れない	→	出れない

「ら抜き言葉」には、単純に「言葉の乱れ」と言い切れない側面があります。たとえば、「見る」の可能表現は「見られる」です。尊敬表現も同じく「見られる」です。さらに、受け身表現も「見られる」です。つまり「見る」の可能、尊敬、受け身は、すべて同じなのです。この紛らわしさを解消するために生まれたのが「ら抜き言葉」という説もあります。「ら抜き言葉」は「言葉の乱れ」ではなく「言葉のゆれ」であり、近い将来、慣用化されているかもしれません。

事実、文化庁が実施した平成27年度「国語に関する世論調査」によると、ふだん使う言葉として「初日の出が見られた(44.6%)」よりも「初日の出が見れた(48.4%)」が上回り、また、「早く出られる?(44.3%)」よりも「早く出れる?(45.1%)」が上回るなど、初めて「ら抜き言葉」が正しい言葉遣いを上回りました。「ら抜き言葉は誤り!」

と断言できなくなりつつあります。

若者の使用頻度が高い「れ足す言葉」

「**れ足す言葉**」とは、本来「れ」を入れるべきでない箇所に「れ」を足してしまう表現のこと（「可能」の動詞に余分な「れ」を足してしまうこと）。若者を中心に使う人が増えています（とくに否定表現の「ない」と組み合わせて使っている人が多いようです）。「ら抜き言葉」とは違い、「れ足す言葉」はまだまだ慣用化の域に達していません。慣れてしまわないよう注意しましょう。

[本来の言葉]		[れ足す言葉]
・行ける／行けない	→	行け**れ**る／行け**れ**ない
・飲める／飲めない	→	飲め**れ**る／飲め**れ**ない
・飛べる／飛べない	→	飛べ**れ**る／飛べ**れ**ない
・読める／読めない	→	読め**れ**る／読め**れ**ない
・歩ける／歩けない	→	歩け**れ**る／歩け**れ**ない
・買える／買えない	→	買え**れ**る／買え**れ**ない

「二重表現」は知っていれば防げる

「返事を返す（正しくは『返事をする』）」や「受注を受ける（正しくは『受注する／注文を受ける』）」など、同じ意味の言葉を重ねることを「**二重表現**」といいます。"くどい""稚拙""読みにくい""リズムが悪い"など、たくさんのデメリットがあります。二重表現は、無意識に使ってしまうケースがほとんどです。二重表現の使用を防ぐためには、使われがちな二重表現を把握しておく方法が有効です。

二重表現→言い換え例

- 誤）全て一任する → 正）**すべて任せる／一任する**
- 誤）過半数を超える → 正）**過半数に達する／半数を超える**
- 誤）ふだんから常備する → 正）**常備する／ふだんから備える**
- 誤）必ず必要だ → 正）**必要だ**
- 誤）未だに未解決だ → 正）**未解決だ**
- 誤）まだ未定 → 正）**未定**
- 誤）引き続き継続する → 正）**継続する**
- 誤）あとで後悔する → 正）**あとで悔やむ／後悔する**
- 誤）あらかじめ予定しておく → 正）**予定しておく**
- 誤）まず最初に（初めに） → 正）**まず／最初に（初めに）**
- 誤）内定が決まる → 正）**内定する**
- 誤）尽力を尽くす → 正）**尽力する／力を尽くす**
- 誤）価格が値上がりした → 正）**値上がりした／価格が上がった**
- 誤）一番ベスト → 正）**一番／ベスト**
- 誤）第1回目 → 正）**第1回／1回目**
- 誤）平均アベレージ → 正）**平均／アベレージ**
- 誤）基本ベース → 正）**基本／ベース**
- 誤）各部署ごとに → 正）**各部署に／部署ごとに**
- 誤）期待して待つ → 正）**期待している**
- 誤）はっきり断言する → 正）**はっきり言う／断言する**
- 誤）車に乗車する → 正）**乗車する／車に乗る**
- 誤）水が増水する → 正）**水が増える／増水する**
- 誤）さらにいっそう力を入れる → 正）**さらに力を入れる／いっそう力を入れる**
- 誤）加工を加える → 正）**加工する**
- 誤）余分な贅肉 → 正）**余分な肉／贅肉**

- 誤）思いがけないハプニング → 正）**思いがけない出来事／ハプニング**
- 誤）製造メーカー → 正）**製造業者／メーカー**
- 誤）かねてからの懸案 → 正）**懸案**
- 誤）本来から／本来より → 正）**本来**
- 誤）日本に来日 → 正）**来日／日本に来る**
- 誤）進捗が進む／進捗が捗る → 正）**進捗する**
- 誤）初デビュー → 正）**デビュー**
- 誤）最後のラストシーン → 正）**最後のシーン／ラストシーン**
- 誤）披露宴のパーティ → 正）**披露宴／披露パーティ**
- 誤）断トツの１位 → 正）**断トツ** ※断トツ＝断然トップの略
- 誤）各位殿 → 正）**各位**
- 誤）違和感を感じる → 正）**違和感を覚える／違和感を抱く／違和感がある**
- 誤）約（およそ）10分ほど → 正）**約（およそ）10分／10分ほど**
- 誤）捺印を押す → 正）**捺印する**
- 誤）今の現状 → 正）**現状／今の状況**
- 誤）隔週おき → 正）**隔週／１週おき**
- 誤）元旦の朝 → 正）**元旦／元日の朝** ※元旦＝元日の朝
- 誤）収入が入った → 正）**収入があった**
- 誤）色が変色する → 正）**変色する／色が変わる**
- 誤）秘密裏（成功裏）のうちに → 正）**秘密裏（成功裏）に**
  ※裏は「〜のうちに」という意味
- 誤）人数だけを限定する → 正）**人数を限定する**
- 誤）後ろにバックする → 正）**バックする／後ろに下がる**
- 誤）挙式を挙げる → 正）**挙式を行う／式を挙げる**
- 誤）頭痛が痛い → 正）**頭が痛い／頭痛がする**

- 誤）お中元の贈り物を贈る／お歳暮のギフトを贈る → 正）**お中元を贈る／お歳暮を贈る**
- 誤）わきで傍観する → 正）**傍観する／わきで見ている**
- 誤）連日寒い日が続く → 正）**連日寒さが続く／寒い日が続く**

　一方で、使用頻度が高く、"慣用的表現"として許容されつつある二重表現もあります。とくに違和感を抱かないものについては使用を控える必要はありません。

- 従来から　※「従来」は「以前から」の意味
- 一番最初／一番最後
- 最後の切り札
- 犯罪を犯す
- 被害を被る
- 歌を歌う／踊りを踊る
- 指を指す
- 遺産を遺す
- 選挙戦を戦う
- 上を見上げる
- 酒の肴　※肴は「お酒のおかず」の意味を含んでいる

丁寧だけど、相手に無礼・失礼と思われかねない表現

早急に（至急）ご対応願います。

「早急に（至急）」と急かされることにストレスを感じる人や腹を立てる人もいます。ケース・バイ・ケースですが、一刻を争う状況でなければ「**誠にお手数をおかけいたしますが、早急にご対応いただけますよう、よろしくお願い申し上げます**」くらいの丁寧さを意識しましょう。ちなみに、「早急」の本来の読み方は「さっきゅう」ですが、現在では「そうきゅう」も許容されています。

ぜひご対応願います。

そもそも「ぜひ」は〈是が非でも〉、つまり〈どんなことがあっても〉という意味です。そのため、"強要されている"と感じる人が少なくありません。TPOに応じて「**ご対応いただけると助かります**」や「**ご対応いただけますようお願い申し上げます**」などへの言い換えを検討しましょう。

取り急ぎご報告まで。

「取り急ぎ〜」はスピード感をもって報告や連絡をするときに使えるフレーズですが、〈万全ではないけど、とりあえずの間に合わせとし

て〉というニュアンスを含んでいるため、目上の人や関係性が弱い相手に使うと"失礼だ"と思われることがあります。「**まずはご報告申し上げます**」のように「まずは〜」を使って言い換えると、"間に合わせ感"が和らぎます。また「**現時点での進捗は以下のとおりです**」のような言い換えも"間に合わせ感"が薄めの好フレーズです。なお、「まずはご報告まで」という具合に、「〜まで」で切り上げる簡略化した表現も好まれません。「**まずは用件のみにて失礼いたします**」のように、表現を工夫しましょう。

あなた様／お宅様

言葉自体は誤りではありませんが、言われて失礼と感じる人は少なくないでしょう。理想は名前を聞いたうえで、相手の名前を「**○○様**」と呼ぶ（書く）ことです。あるいは「**お客様**」「**ご担当者様**」など適切な言葉に言い換えましょう。

今日（きょう）／昨日（きのう）／明日（あした）

今日（きょう）、昨日（きのう）、明日（あした）という言い方はカジュアルすぎて、社外や目上の人に使う言葉として適切ではありません。本日（**ほんじつ**）、昨日（**さくじつ**）、明日（**みょうにち**）と言い換えましょう。一昨日の呼び方は「おととい」ではなく、「**いっさくじつ**」、明後日の呼び方は「あさって」ではなく、「**みょうごにち**」が基本です。

ここだけの話ですが〜

相手との距離を近づけるために「ここだけの話ですが〜」と切り出す人がいますが、この言葉に対する受け止め方はさまざまです。なぜなら、この言葉のあとにくるのは、多くの場合、他人の悪口や噂話、良からぬ秘め事だからです。その手の話を始めることで、身を乗り出す人もいれば、逆に、引いてしまう人もいます。場合によっては"下世話な人"と見限られてしまうかもしれません。

ご存知ないかもしれませんが〜

使った本人に悪気がなくても、言われた相手は気分を害するかもしれません。なぜなら、言い換えると〈あなたは、どうせ知らないでしょうけど〉だからです。同様に、「ご存知だとは思いますが〜」も、〈まさか、知らないなんてことはありませんよね？〉と曲解する人がいます。どちらも、相手が"見下されている"と勘違いしやすいフレーズです。この場面でのおすすめは「**すでにご存知かもしれませんが〜**」「**すでにご承知かもしれませんが〜**」「**お聞き及びかもしれませんが〜**」など「**かも**」を用いた表現です（「お聞き及び」は〈人から聞いて知っていること〉）。これらの言葉であれば、相手のプライドが傷つく心配はないでしょう。もちろん、そもそも"この手の前置き"が必要かどうかについては、よく検討する必要があります。

第 **4** 章

とっさの場面でも迷わない！
紛らわしい語彙・誤りやすい語彙

Scene 1 意味や字を間違えやすい言葉

　本来の意味と異なる使い方をすることに目くじらを立てる気持ちは、わからなくはありません。しかし、言葉は生き物です。いくら本来の意味と違っていても、その言葉が世間に広く浸透した時点で「誤用」とはいえなくなります。

　現に、私たちが当たり前のように使っている言葉のなかにも、誤用から転じたものが無数にあります。たとえば、「一生懸命」の本来の形は「一所懸命」です。しかし、現在では「一生懸命」のほうが一般的で、「一所懸命」を使うと「間違いでは？」と指摘されかねません。

　同様に、〈一人舞台〉の意味で使われる「独壇場」という言葉は、もともとは「独擅場」という読みと表記で使われていました。「擅」を「壇」と誤読したことから、「独壇場」という言葉が広がったようです。今では「独擅場」と言っても「何それ？」と言われてしまうかもしれません。これは、なかなか悩ましい問題です。

　私たちに求められるのは"慣用化"と"誤用"の狭間を見極めるバランス感覚です。"本来の言葉"を知ることはいいことですが、本来の意味にこだわりすぎて、人から「言葉の使い方がおかしい」と思われては本末転倒です。相手が勘違いする恐れがあるときは、あえてその言葉を使わずに、別の語彙・フレーズに言い換えるという配慮や工夫も必要です。状況に応じて機転をきかせることまで含めての語彙力・フレーズ力だと心得ておきましょう。

「おざなり」と「なおざり」って同じ意味なの？

「おざなり」も「なおざり」も〈いい加減に対処する〉という意味では同じですが、〈いい加減〉の中身に違いがあります。「**おざなり**」は、〈その場しのぎなさま／中途半端なさま〉を意味します。たとえば「伊藤さんの対応は、いつもおざなりだ」と言った場合、〈対応が大雑把だったり、中途半端であったりする〉という意味です。一方、「**なおざり**」は、〈注意を払わず、ろくに対処しない／必要な対応を怠る〉というニュアンスの言葉です。「伊藤さんのなおざりな態度に失望した」と言えば、〈伊藤さんは対応せず、状況を放置した〉という意味です。

「いやが応でも」や「いやが上にも」の「いや」は「嫌」なの？

「いやが応でも」を「嫌が応でも」と書くのは誤りです。この場合の「いや」は「否（NO）」のこと。一方、「応」は「YES」のこと。つまり、〈好むと好まざるとにかかわらず＝何がなんでも〉という意味です。「**否が応でもノルマを達成しなければならない**」のように使います。一方、「いやが上にも」を、「嫌が上にも」や「否が上にも」と書くのは誤りです。正しくは「弥が上にも」です。「弥」は〈いよいよ／ますます〉という程度を表す言葉です。その「上」なので、「さらに（激しく）」という強調の意味です。「**新店舗のオープンまであと3日。いやが上にも期待が高まります**」という具合に使います。この場面で「いやが応でも期待が高まる」と言うとおかしな意味になってしまいます。

「汚名挽回する」って……汚名を挽回しちゃっていいの？

「汚名挽回といこうじゃないか」。この表現は奇妙です。汚名は「挽回」するものではありません。汚名を挽回したら"汚名の上塗り"になってしまいます。「汚名挽回」に違和感をもたない人は、おそらく「名誉挽回」と混同しているのでしょう。正しい表現は「**汚名を返上する**」や「**汚名を雪ぐ**」です。ちなみに、「汚名を晴らす」も誤った表現です。「晴らす」のは、「ぬれぎぬ」や「疑い」「屈辱」「恨み」などです。

「雪辱」は「晴らす」もの？ 「果たす」もの？

「雪辱」とは文字どおり〈辱を雪ぐこと〉です。平たくいえば〈恥や汚名を消すこと〉。「**前回惨敗したコンペの雪辱を果たした**」のように使います。ところが近年では、音が似ているせいか、「果たす」ではなく「晴らす」を使う人が増加。平成22年度「国語に関する世論調査」（文化庁、以下同）では、「雪辱を晴らす」（43.9％）を使う人が、本来の言い方とされる「雪辱を果たす」を使う人（43.3％）の数を上回りました。もはや誤用とは言えなくなりつつあります。

「責任」は「転換」するもの？「転嫁」するもの？

「転嫁」とは〈他人になすりつけること〉。「**責任転嫁**」で〈本来、自分に責任があるにもかかわらず、他人になすりつける（押し付ける）〉と

いう意味です。一方、「転換」とは〈別のものに変える〉という意味。「責任転換」という言葉もありそうな気がしますが、実際にはありません。

「心血」って「傾ける」ものなの？

「心血」は「注ぐ」ものであり、「傾ける」ものではありません。「**このプロジェクトに心血を注ぐ**」という具合に使います。「傾ける」には「**全力を傾ける**」「**情熱を傾ける**」などのフレーズがあります。

「二の舞い」って「踏む」ものなの？

「二の舞いを踏む」という言葉を使う人が増えていますが、正しくは「**二の舞いを演じる**」。〈前の人と同じ失敗をくり返すこと〉です。「二の舞いを踏む」を使う人は、おそらく「二の足を踏む」と混同しているのでしょう。「**二の足を踏む**」とは〈思い切って物事を進められず、尻込みすること／どうしようかと迷いためらうこと〉です。ただし、すでに「二の舞いを踏む」という表現が広まりつつあるため、いずれ慣用化されるかもしれません。

「圧倒的に弱い」って、どんな弱さ？

「圧倒的」とは〈ほかと比べものにならないほど勝っていること〉です。その字ヅラにも〈押し倒しそうなほど強い〉というイメージが表れています。したがって、「圧倒的な敗北を喫しました」のように、マイナスの意味で使うことはできません。「**圧倒的な勝利を収めました**」のように、プラスの意味で使う言葉です。

「みっとも悪い」と話すのはみっともない？

「みっともない」は「みっとも+ない」ではなく、「みっともない」でひとつの形容詞です（「つまらない」「せつない」などと同じ構造です）。したがって、「みっとも」だけを取り出して「みっとも+ありませんでした（ございませんでした）」とするのは不自然です。正しくは「**みっともないことでした**」「**みっともないことでございました**」です。同様の理由で「みっともいいものではない」や「みっともよくない」「みっとも悪い」なども本来の使い方ではありません。

「とんでもない」と話すのはとんでもない？

前出の「みっともない」と同じ構造に「とんでもない」があります。本来は「とんでも+ない」ではなく、「とんでもない」でひとつの形容詞として使われてきました。ところが、実際には「とんでもございません」や「とんでもありません」という表現をよく耳にします。果たしてこれらは誤用なのでしょうか？ 2007年に文部科学省直轄の文化審議会が発表した「敬語の指針」には以下の記述があります。

> 「とんでもございません」（「とんでもありません」）は、相手からの褒めや賞賛などを軽く打ち消すときの表現であり、現在では、こうした状況で使うことは問題がないと考えられる。

また、「とんでもないです」を丁寧に書くときの「とんでもないことでございます」についても、以下のような記述があります。

> 「とんでもないことでございます」と言ったのでは、「あなたの褒めたことはとんでもないことだ」という意味にも受け取られるおそれがあるので、注意する必要がある。

　これらの見解を踏まえると、目下や対等の相手には「**とんでもないです**」や「**とんでもありません**」、敬意を払うべき相手には「**とんでもございません**」を使うのが良さそうです。

「きく」のは「目端(めはし)」？　それとも「目鼻」？

「目端」とは〈目の端〉のことで、「**目端がきく**」は〈機転がきく、抜け目がない〉という意味。〈物事がおおよそでき上がり、見通しが立つこと〉という意味の「**目鼻がつく**」と混同して「目鼻がきく」と言う人がいますが、「目鼻がきく」という言葉はありません。なお、「目鼻がつく」と似た言葉に、〈大体の予想・見当がついた〉という意味の「**目星がつく**」があります。以下は、それぞれの言葉の正しい活用例です。「**目端のきく人材がほしい**」「**ようやく企画の目鼻がついた**」「**犯人の目星がついた**」。

「寸暇(すんか)」は「惜しむ」もの？「惜しまない」もの？

「寸暇」とは〈わずかな時間〉のこと。〈わずかな時間を無駄にすることすら惜しんで物事に没頭にする〉という意味で「**寸暇を惜しんで**」という表現が使われます。〈苦労をいとわず〉という意味の「骨身を惜しまず」と混同して「寸暇を惜しまず」と言わないよう注意しまし

ょう。「**寸暇を惜しんで働く**」や「**骨身を惜しまず働く**」がそれぞれ本来の使い方です。

「敷居が高い」のは、高級だから？

「**敷居が高い**」とは、〈相手に不義理などをしてしまい、その人の家に行きにくい〉という意味。ところが近年では〈高級すぎたり、上品すぎたりして入りにくい〉という意味で使う人が増加。平成20年度「国語に関する世論調査」では、本来の意味で使う人（42.1％）の数を上まわりました（45.6％）。本来の意味で使うと誤解されやすい言葉のひとつです。

「脚光」は「浴びる」もの？ 「集める」もの？

「脚光」とは〈世間から注目されること／人々の注目の的となること〉。「**脚光を浴びる**」とは言いますが、「脚光を集める」とは言いません（おそらく「**注目を集める**」との混同）。「**新しい技術として脚光を浴びている**」のように使います。

「念頭」に「置く」もの？ 「入れる」もの？

「念頭」は〈心の中の思い／胸のうち〉を意味する言葉です。「**念頭に置く**」で、〈常に心にかける／いつも忘れないでいる〉という意味です。「念頭に入れる」は、本来の表現ではありません。おそらく「頭に入れる」との混同でしょう。

「物議」は「醸す」もの？ 「呼ぶ」もの？

「**物議を醸す**」で〈ある物事や出来事が、人々の間で議論や騒ぎ、賛否両論の意見、噂などを引き起こす〉という意味。「**会議でこの提案をすれば、間違いなく物議を醸すだろう**」のように使います。平成23年度「国語に関する世論調査」では、本来の言い方とされる「物議を醸す」を使う人が58.0％、「議論を呼ぶ」の混同と思われる「物議を呼ぶ」を使う人が21.7％という結果が出ています。ちなみに、「物議を醸す」で慣用句であり、「物議を醸し出す」とは言いません。

「取り付く」先は、島なの？ 暇なの？

〈相手の言葉や態度が冷たく、話すきっかけさえ見つからない〉というケースで使う言葉は「**取り付く島がない**」です。航海に出た船が、近くに停船できる島がなく、休憩すら取れない状況から転じたと言われています。平成24年度「国語に関する世論調査」では、本来の言い方である「取り付く島がない」を使う人が47.8％で、本来の言い方ではない「取り付く暇がない」を使う人が41.6％という結果が出ています。おそらく「島」を「暇」と混同し、〈人にすがる時間もない〉という意味で使っているのでしょう。

「新規」で「蒔き直す」？ 「巻き返す」？

〈物事を初めからやり直す〉という意味の言葉を「**新規蒔き直し**」と言います。〈いちど蒔いた種子を改めて蒔くこと〉から転じた言葉です。〈劣勢から勢いを盛り返して反撃に転ずる〉という意味の言葉に

「巻き返し」がありますが、この言葉と組み合わせて「新規で巻き返す」とは言いません。また、文章で書くときに「巻き直し」と書くのも誤りです。

「食指」はそそるもの？　動くもの？

〈何かを食べたくなる〉が転じて、〈何かを欲しいと思ったり、何かしてみようと思ったりする〉ことを「**食指が動く**」と言います。「**新しい商品を勧められたが、食指が動きませんでした**」という具合に使います。平成23年度「国語に関する世論調査」では、「食指が動く」を使う人が38.1％に対して、本来の言い方ではない「食指をそそられる」を使う人が31.4％という結果が出ています。おそらく「食欲がそそられる」との混同でしょう。

明るみに「なる」？　「出る」？

正しくは「**明るみに出る**」です。「明るみ」とは〈明るいところ（＝表立った場所／公の場／世間）〉で、「出る」とは〈移動すること〉。つまり、「明るみに出る」で〈知られていなかったこと（隠されていた事実）が、世間に広まる〉という意味。「**事件が明るみに出る**」という具合に使います。「明るみになる」という使い方はしません。おそらく「明らかになる」との混同でしょう。

弊社？　当社？

「弊社」も「当社」も自社を指す言葉です。「**弊社**」は謙譲語で、おもに社外の取引先やお客様などに対してへりくだる必要があるときに

使われます。「**いちど弊社に持ち帰って検討いたします**」のように使います。類語には「**小社**」があります。一方の「**当社**」は、自分たちが相手と対等か対等以上のケースで使います。具体的には「社内に向けて話すとき」「広告などで自社商品の特徴を伝えるとき」「自社の取り組みや実績を報告するとき」「法的な交渉をするとき」「報道にコメントを出すとき」などです。「**当社はＡ社との代理店契約を解消します**」【社内通達文】のように使います。社内向けであれば「**わが社**」を使ってもいいでしょう。

貴社？ 御社？

「貴社」と「御社」は、どちらも敬うべき対象となる"相手の会社"を示す言葉です。通常、「**貴社**」は文章（書き言葉）で使用し、「**御社**」は話し言葉で使用します。取引先での商談や打ち合わせ、就職面接をはじめとする対面でのコミュニケーションでは「御社」を使いましょう。「貴」や「御」は相手を敬う表現につき、そこに「様」をつけて「貴社様」や「御社様」とするのは二重表現（過剰敬語）です。

折衝？ 交渉？

「**交渉**」は〈特定の問題について相手と話し合うこと（掛け合うこと）〉です。一方の「**折衝**」は〈問題を解決するために、利害関係が一致しない相手と"駆け引きする"こと〉です。交渉は「個人対個人」でも行われますが、折衝は「国対国」や「企業対企業」など公の関係性で行われるケースがほとんど。交渉も折衝もゴール地点は"双方の納得"ですが、折衝の場合、双方が妥協して折り合いをつけていく形になりがちです。

以来？　以降？　以後？

「以来」は、〈ある時から今までずっと〉という意味です。過去のある時点から現在までの期間を示しています。将来のことは表しません。**「商品Ａは昨年12月に発売して以来、ずっと売れ続けている」**という具合に使います。「以降」は〈(その時も含んで)ある時からあと〉という意味で、「以来」とは異なり、過去でも未来でも表すことができます。**「お打ち合わせは10月12日以降でお願いいたします」**が未来を表す一例です。また、「以降」と似た言葉に「以後」があります。どちらも〈ある時点から先〉という意味ですが、「以降」は"ある時点から先"を強調しているのに対し、「以後」が"ある時点"を強調しているという差があります。**「以後、注意してください」**と書く場合は、"今この瞬間から"という点を強調していることになります。

来週？　翌週？

「来週」は、文章の視点が「今(今週)」のときだけ使えます。今から見て次の週を指すときに「来週」を用います。**「来週、Ａ社と打ち合わせをしましょう」**という具合です。一方、「翌週」は、文章の視点が、過去か未来の"ある時"に置かれているケースで使えます。たとえば**「企画が採用された翌週に、Ａ社と打ち合わせをしました」**という具合です。この場合、"ある時"から見て、次の週を指す言葉として「翌週」を使っています。

退職？　離職？

　厳密には、会社から契約解除を通達された場合は「解雇」、それ以外の辞め方を「退職」と分けて使うことが少なくありません。一方の「離職」は、ハローワークなどの公的機関の手続きで使われる呼び名で、広く〈退職や失業によって職務を離れること〉を指します。会社を辞める際、お世話になった仕事関係者に送るメールやハガキには「離職のご挨拶」ではなく、**「退職のご挨拶」**と書くのが正解です。

お返事？　ご返事？

　一般的には、和語（訓読みの言葉）に「お」を付けて、漢語（音読みの言葉）に「ご」を付けるケースが多いです。「返事」の場合、「お」と「ご」のどちらを付けても間違いではありません。ただし、相手に与える印象には若干の違いがあります。「お返事」はソフトな印象で、話し言葉に適しています（女性が好んで使います）。一方の「ご返事」は、かしこまった印象で、目上の人に対してやメールなどの文章で表現するときに適しています。

可否？　諾否？

「可否」は〈良いことと悪いこと／賛成と反対〉などの意味で、あるプランについて賛成か反対かを問いたいときに**「このプランの可否を問います」**という具合に使います。一方の「諾否」は、〈引き受けることと断ること／承諾することと承諾しないこと〉などの意味で、**「ご参加の諾否をご連絡ください」**のような形で使います。

Scene 2 書き言葉の注意語彙&フレーズ

①「単刀直入」と
②「短刀直入」はどちらが正しい？

　正しいのは①の「**単刀直入**」です。「単刀直入」の本来の意味は〈1本の刀を持ち、たったひとりで敵陣に切り込む〉というもの。そこから〈回りくどい前置き・あいさつ・背景説明は抜きにして、いきなり本題に入り、問題の核心や要点をつく〉という意味へ転じたようです。「**単刀直入にこの問題の解決策を申し上げます**」のように使います。この表現で「短刀」を使うのは誤りです。

①「出処進退」と
②「出所進退」はどちらが正しい？

　正しいのは①の「**出処進退**」です。「出」は〈世に出て仕える〉という意味で、「処」は〈外に出ないで家にいる〉という意味です。つまり、「出処進退」とは〈身のふり方〉という意味、あるいは〈役職にとどまることと役職を辞すること〉という意味です。「**出処進退を明らかにする**」のように使います。「出処進退」に似た言葉には「去就」や「進退」があります。「**宮田社長の去就（進退）に注目が集まっています**」のように使います。なお、ビジネスシーンで「出所」といえば、〈事務所や研究所などの「所」に出勤すること〉です。

①「ご多聞に漏れず」と
②「ご多分に漏れず」はどちらが正しい？

　正しいのは②の「**ご多分（たぶん）に漏れず**」です。「多分」とは〈大勢／大部分〉という意味ですので、「ご多分に漏れず」は〈大勢から外れない〉、つまり、〈ほかの多くの例と同様に／予想通りに〉という意味になります。「**長引く不況の影響で、ご多分に漏れず、弊社も苦戦を強いられています**」などと使います。必ず「御（ご）」を付ける慣用句です。〈多くの人に漏れ聞こえること〉を意味する「多聞（たもん）」と勘違いしないようにしましょう。ちなみに「ご他聞に漏れず」という書き方も誤りです。なお、「例外に漏れず」と書くと、逆の意味（〈例外である〉の意）になってしまいます。注意しましょう。

①「絶対絶命」と
②「絶体絶命」はどちらが正しい？

　正しいのは②「**絶体絶命**」です。意味は〈追いつめられて窮地にいる状態〉。ちなみに「絶体」と「絶命」は、どちらも九星占いの凶星の名前で、「絶体」は〈窮地にいて身動きが取れない〉という意味。同音異義語である「絶対」の使用頻度が高いため、「絶対絶命」と誤って書く人が多いのでしょう。

①「危機一髪」と
②「危機一発」はどちらが正しい？

　正しいのは①の「**危機一髪**」です。「一髪」は〈髪の毛1本ほどの

わずかな違い〉という意味。間一髪セーフの「一髪」も同様の意味です。一方の「一発」は〈大砲や鉄砲などの弾丸1個〉という意味。おもちゃのロングセラー「黒ひげ危機一発」に引きずられて「危機一発」と覚えてしまった人もいるかもしれません。

「ご静聴」と「ご清聴」は何が違う？

「清聴」は〈他人が自分の話を聴いてくれることを敬う〉という意味。頭に「ご」をつけることで、より丁寧になります。聴講者にお礼を述べるときは「**ご清聴いただき、ありがとうございます**」のように「清聴」を使います。一方、「静聴」は〈講演や話などを静かに聞く〉という意味です。静かに聴いてもらいたいときは「**講演中はご静聴願います**」のように「静」の字をあてます。

「苦渋」と「苦汁」は何が違う？

「くじゅう」には「苦渋」と「苦汁」のふたつがあります。苦渋は〈苦しみ悩むこと〉という意味で、心理面にフォーカスしているのが特徴です。「**苦渋を味わう**」の形で使われることが多いです。一方の苦汁は〈つらく苦しい経験をする〉という意味で、経験にフォーカスしているのが特徴です。「**苦汁をなめる**」や「**苦汁を飲む**」の形で使われることが多いです。それぞれ「苦渋をなめる」や「苦汁を味わう」とは書きません。なお、「苦汁をなめる」に似た表現には「**辛酸をなめる**」があります。〈つらいものや酸っぱいものをなめる〉が転じて〈大変な苦労を重ねたり、つらい目にあったりすること〉を指します。

「頭が下がる」と「頭が上がらない」は何が違うの？

　どちらの言葉も目上の人に対しては使うものではありません（目上の人に対して頭が下がっているのは自然な状態なので）。「頭が下がる」は〈(対等の立場の人に) 敬服・感服せずにはいられないこと〉。**「西さんの仕事ぶりには頭が下がります」**のように使います。一方、「頭が上がりません」は、〈相手に権威性を感じたり、引け目を感じたりして対等にふるまえないこと〉。**「穴を埋めてくれた渡辺さんには頭が上がりません」**のように使います。

「秀逸」と「傑出」と「出色」は何が違うの？

〈抜きん出て優れている〉という共通点がある言葉ですが、その意味は微妙に違います。上手に使い分けられるとスマートです。「秀逸」は〈(作品や文章、アイデアなどが) 他に抜きん出て優れている〉の意味です（例：**彼の企画書は秀逸でした**）。「傑出」は〈(実力や能力などが) たくさんある中で飛び抜けて優れていること〉の意味です（例：**彼のプログラミング能力はチームの中で傑出しています**）。「出色」は〈(能力や出来栄えなどが) 他より際立って優れていること〉の意味です（**彼のプレゼンは出色の出来栄えでした**）。

第4章　紛らわしい語彙・誤りやすい語彙

Scene 3 間違えやすい&誤りやすい言葉の例

紛らわしい同音異義語

越える、超える

- **越える**：特定の場所や位置、物理的な物、障害、境界、時間などを越えること。　**例：試練を乗り越える。**
- **超える**：一定の基準や限度、範囲、数量などを超えること。
  例：10万円の予算を大幅に超えた。

測る、量る、計る、図る

- **測る**：距離・面積・角度・深さ・速さなどを調べるときに使う。
  例：外壁の寸法を測る。
- **量る**：重さや容量などを調べるときに使う。〈推量する〉の意味も。
  例：重さを量る。
- **計る**：時間や程度を調べるときに使う。　**例：時間を計る。**
- **図る**：計画して実現を目指す。企てる。（実現させるために）工夫する。　**例：問題の解決を図る。**

固い、堅い、硬い

- **固い**：ある一定の形ができあがっていて形が変わらないもの。外からの力に負けないくらい強い様子。対義語は「緩い」。
  例：私は固く決心した。

- **堅い**: 危うげがなく確かな様子。中身が詰まっていて壊れにくい様子。手堅い様子。堅実な様子。対義語は「脆い」。
  例：彼は口が堅い。
- **硬い**: 石のように張りつめている様子（こわばっている様子）。ぎこちない様子。対義語は「軟らかい」。　**例：文体が硬い。**

押さえる、抑える

- **押さえる**: 物事が動かないよう、ある部分に力を加えること。
  例：スケジュールを押さえる。
- **抑える**: 物事が程度を超えないようにすること。
  例：怒りを抑える。

移動、異動

- **移動**: 人や物の位置が動くこと。
  例：今日は京都から大阪へ移動した。
- **異動**: 立場や地位、状態などが変化すること。
  例：販売部へ異動しました。

答える、応える

- **答える**: 問いに返すときに用いる。　**例：質問に答える。**
- **応える**: 反応するときに用いる。
  例：期待に応える／顧客のニーズに応える。

意思、意志

- **意思**: 気持ちや考えのこと。　**例：本人の意思を尊重する。**
- **意志**:「意思」よりも積極的で、進んで何かをしようという強い気持ちがあること。　**例：目標を達成すべく意志を貫く。**

追求、追究、追及

- **追求**：目的を達成するために、どこまでも対象を追い求めること。
  例：利益を追求する。
- **追究**：(学問的に) 不確かなことや不明なことを究めること。
  例：自然科学を追究する。
- **追及**：相手を追い詰めて、責任や欠点、失敗、悪事、疑惑などを責めたり、問い正したりすること。　**例：経営責任を追及する。**

保証、保障、補償

- **保証**：間違いなく大丈夫であると認め、そのことに責任をもつこと。
  例：品質を保証します。
- **保障**：地位や権利、生命、財産などに障害が生じないよう、保護すること（ある状態や水準を保つこと）。
  例：国外滞在社員の安全を保障する。
- **補償**：損失や損害を補って償うこと。
  例：損失分は弊社で補償します。

共同、協同

- **共同**：ふたり以上で何かをすること。　**例：共同で生活をする。**
- **協同**：ふたり以上で助け合って何かをすること（「共同」よりも力を合わせる意味合いが強い）。　**例：協同で商品を開発する。**

変わる、代わる、替わる、換わる

- **変わる**：物事の状態や様子が、それまでと違う状態になること。
  例：部屋の様子が変わる。
- **代わる**：別の者がほかの人の地位・立場に就くこと。別の者がほかの人の役割を担うこと。代理を立てること。　**例：担当が代わる。**

- **替わる**：あるものが退いたあとに他のものが入ること。入れ替わること。　**例：当番が入れ替わる。**
- **換わる**：同等の価値のものに取り換えられること。古いものが出て、新しいものが入ること。　**例：品物をお金に換える。**

既製、既成

- **既製**：できあいのもの。すでに商品として製造されているもの。
  例：これは既製品です。
- **既成**：すでに成り立ち、世に出ていること。
  例：既成の概念にとらわれる。

特徴、特長

- **特徴**：ほかよりも際立って目立つ点。
  例：彼は特徴のある話し方をする。
- **特長**：ほかよりもとくに優れた点。特別の長所。
  例：衝撃に強いことがこの製品の特長だ。

実態、実体

- **実態**：実際の状態。本当のありさま。実情。
  例：シングルマザーの実態に迫る。
- **実体**：本当の姿や形。実質をもった存在。
  例：A社は実体のない会社です。

好意、厚意

- **好意**：好きだという気持ち。　**例：彼には好意を感じる。**
- **厚意**：思いやりや気遣い。親切心。　**例：ご厚意をいただきました。**

平行、並行

- **平行**：同一平面上の直線が交わらないこと。
  例：両者の主張は平行線のままだ。
- **並行**：並んで進行していくこと。
  例：事案AとBを並行して処理していこう。

勧める、薦める

- **勧める**：勧誘（働きかけ）の意味が強いときに使う。
  例：加入を勧める。
- **薦める**：推薦（オススメ）の意味が強いときに使う。
  例：良書を薦める。

所要、所用

- **所要**：必要とすること。　**例：所要時間は約1時間です。**
- **所用**：用事。用事があること。　**例：所用のため欠席します。**

遅れる、後れる

- **遅れる**：決まった時間・時期に間に合わないこと。
  例：会議に遅れる。
- **後れる**：時代や他人のペースについていけないこと。取り残されること。　**例：時代に後れる。**

同士、同志

- **同士**：身分や境遇、性質など、お互いに共通点がある人のこと。
  例：女性同士で飲みに行く。
- **同志**：同じ志・主義・主張などを共有する仲間のこと（「同士」よりも絆が強い）。　**例：同志を募る。**

写す、映す

- **写す**：絵や文字などを真似して書くこと。転写すること。模写すること。描写すること。写真や映画に撮ること。
  例：ホワイトボードの文章をノートに写す。
- **映す**：反射や投影などによって、ある物の姿や形を再現すること。
  例：スクリーンに映像を映し出す。

勤める、務める、努める

- **勤める**：職場に勤務すること。　**例：会社に勤める。**
- **務める**：ある任務や役割を果たすこと。　**例：司会を務める。**
- **努める**：力を尽くすこと。努力すること。
  例：サービスの向上に努める。

体制、態勢、体勢

- **体制**：仕組み・システム・制度のこと。
  例：チェック体制を強化しよう。
- **態勢**：物事に対する身構えや準備のこと。
  例：受け入れ態勢を整える。
- **体勢**：姿勢や体の構えのこと。
  例：不利な体勢に持ち込まれた。

決裁、決済

- **決裁**：権限や責任をもつ上位者が、部下が出した案の採否を決めること。　**例：上司の決裁を仰ぐ。**
- **決済**：代金や証券・商品などの売買取引を済ませること。
  例：カード決済できます。

解任、改任

- **解任**：任務を解いて辞めさせること。　**例：社長職を解任する。**
- **改任**：前任者を辞めさせて、代わりに後任者を就かせること。
  例：役員の改任を行う。

制作、製作

- **制作**：芸術品、作品（小説や脚本など）、商品パッケージ、番組などを作ること。　**例：彫刻を制作する。**
- **製作**：日用品から部品まで、道具や機械などを使って物品を大量に作ること。また、（映画などの）作品を作るための資金調達。
  例：この工場では家具を製作しています。

感心、関心

- **感心**：「すごい」「すばらしい」と心が動かされること。感動すること。感銘を受けること。　**例：彼のアイデアには感心させられた。**
- **関心**：興味をひかれ、注意を向けること。
  例：宇宙ビジネスへの関心が高まっている。

対称、対照、対象

- **対称**：ふたつの点・線・面などが、ある点・直線に関して向き合う位置にあること。シンメトリー。　**例：この図は左右対称です。**
- **対照**：他と照らし合わせて比べること。性質の異なるものの違いが際立つこと。　**例：A社とB社のやり方は対照的だ。**
- **対象**：行為が向けられる先（物、人、目標、事象など）のこと。
  例：調査の対象は20代女性です。

精算、清算

- 精算：お金を細かく計算すること。金額を確定させること。
  例：出張費を精算する。
- 清算：金銭の貸し借りを整理すること。けじめをつけること。関係を解消すること。　**例：この機会に借金を清算する。**

不信、不審

- 不信：信じないこと。信用できないこと。誠実でないこと。
  例：予期せず不信を買われてしまった。
- 不審：疑わしく思うこと。疑わしく思えること。
  例：契約書の内容に不審な点がある。

最小、最少

- 最小：いちばん小さいこと。　**例：最小限の人数で行います。**
- 最少：いちばん少ないこと。　**例：最少催行人数は５名です。**

気運、機運

- 気運：物事の情勢がある方向に進もうとする傾向。時のなりゆき。
  例：リーダー交代の気運が高まる。
- 機運：時の巡り合わせ。物事をなすのによい機会・時機。
  例：副業規定改正の機運が熟する。

必死、必至

- 必死：死ぬ覚悟で全力をつくすこと。
  例：必死で資料を作り上げた。
- 必至：必ずそうなること。そうなることは避けられないこと。
  例：交渉の決裂は必至である。

第４章　紛らわしい語彙・誤りやすい語彙

間違えやすい言葉、慣用句一覧

誤）とんぼ帰り	正）とんぼ返り
誤）怒り心頭に達する	正）怒り心頭に発する
誤）懐が広い	正）懐が深い
誤）足元をすくわれる	正）足をすくわれる
誤）耳障りのよい	正）耳障りな
誤）体調を壊す	正）体調を崩す
誤）押しも押されぬ	正）押しも押されもせぬ
誤）大円団	正）大団円
誤）頭身大	正）等身大
誤）早かれ遅かれ	正）遅かれ早かれ
誤）喝を入れる	正）活を入れる
誤）時期早尚	正）時期尚早
誤）ひとつ返事	正）ふたつ返事
誤）熱にうなされる	正）熱に浮かされる
誤）幸先が悪い	正）幸先がいい
誤）一身同体	正）一心同体
誤）嫌気がする	正）嫌気が差す
誤）今だに	正）未だに
誤）愛想をふりまく	正）愛嬌をふりまく
誤）印籠を渡す	正）引導を渡す
誤）予防線を引く	正）予防線を張る
誤）瓢箪（ひょうたん）から独楽が出る	正）瓢箪から駒が出る
誤）うる覚え	正）うろ覚え

誤）泥試合	正）泥仕合
誤）顔をうかがう	正）顔色をうかがう
誤）立つ背がない	正）立つ瀬がない
誤）頭を傾げる	正）首を傾げる
誤）名に泥を塗る	正）顔に泥を塗る
誤）風下にも置けない	正）風上にも置けない
誤）公算が強い／高い	正）公算が大きい
誤）肩をなでおろす	正）胸をなでおろす／肩の荷が下りる
誤）出る釘は打たれる	正）出る杭は打たれる
誤）早起きは三文の得	正）早起きは三文の徳
誤）有頂点	正）有頂天
誤）堂に入（はい）る	正）堂に入（い）る
誤）思いもつかない	正）思いも寄らない
誤）二の句が出ない	正）二の句が継げない
誤）厚顔無知	正）厚顔無恥
誤）孤立無縁	正）孤立無援
誤）照準を当てる	正）照準を合わせる／定める
語）心気一転	正）心機一転
語）切端詰まる	正）切羽詰まる
誤）双壁	正）双璧

第4章 紛らわしい語彙・誤りやすい語彙

Scene 4 本来の意味と異なる意味が広まりつつある言葉

穿った見方
- **本来の意味**：物事の本質を的確に捉える見方をすること。
- **広まりつつある意味**：疑ってかかるような見方をすること。

流れに棹さす
- **本来の意味**：好都合なことが重なり、勢いが出て物事が順調に運ぶこと。
- **広まりつつある意味**：傾向や時流に逆らって、物事の勢いを失わせる行為をすること。

情けは人のためならず
- **本来の意味**：人に親切にすれば、巡り巡って、その親切が自分の身に戻ってくること。
- **広まりつつある意味**：親切にするのはその人のためにならないこと。

破天荒
- **本来の意味**：誰もできなかったことを初めて成し遂げること。
- **広まりつつある意味**：豪快で荒っぽく大胆なさま。

やぶさかではない
- **本来の意味**：喜んでやること。努力を惜しまないこと。
- **広まりつつある意味**：仕方なくやること。

手をこまねく

- 本来の意味：何もしないで傍観している。
- 広まりつつある意味：準備して待ち構える。

琴線に触れる

- 本来の意味：感動や感銘、深い共感を感じること。
- 広まりつつある意味：怒りを買ってしまうこと。

話のさわり

- 本来の意味：話の要点や印象深いところ。聞かせどころ。
- 広まりつつある意味：話の導入部分のこと。

潮時

- 本来の意味：物事をするのに最適な時機のこと。
- 広まりつつある意味：物事を終えたり辞めたりする時機のこと。

煮詰まる

- 本来の意味：考えや意見が出尽くして、結論に近づいている状態のこと。
- 広まりつつある意味：議論が行き詰まって、結論が出せない状態のこと。

世間ずれ

- 本来の意味：実社会でもまれた結果、ずる賢くなっていること。
- 広まりつつある意味：世の中の考えから外れていること。

憮然(ぶぜん)

- **本来の意味**：失望し、呆然とする様子。
- **広まりつつある意味**：不満そうな様子。腹を立てている様子。

役不足

- **本来の意味**：本来の能力より軽い仕事や役割を与えられること。
- **広まりつつある意味**：本来の能力より重い（手に余る）仕事や役割を与えられること。

気が置けない

- **本来の意味**：遠慮したり気遣ったりする必要がなく、心から打ち解けられること。
- **広まりつつある意味**：遠慮したり気遣ったりする必要があり、心から打ち解けられないこと。

確信犯

- **本来の意味**：政治的・思想的・宗教的な信念に基づいて、正しいと確信して行う行為や犯罪のこと（またはそれを行う人のこと）。
- **広まりつつある意味**：悪いことだと自覚していながら行う行為や犯罪のこと（またはそれを行う人のこと）。

おもむろ

- **本来の意味**：ゆっくりと。
- **広まりつつある意味**：不意に。急に。

姑息(こそく)

- **本来の意味**：その場しのぎの。
- **広まりつつある意味**：卑怯な。ずるい。

御の字(おんのじ)

- **本来の意味**：大いにありがたい。
- **広まりつつある意味**：まあまあ納得できる。

すべからく

- **本来の意味**：当然しなければいけないこと。ぜひともしなければならないこと。
- **広まりつつある意味**：すべて。みんな。全員。

※通常「すべからく」は「〜べき」で受ける。本来の意味の例：上司はすべからく部下のお手本となるべきだ。

第5章

知性と教養を感じさせる
武器としての
ビジネス語彙力

Scene 1 現場で使える実践ビジネス語彙

　第5章では、四字熟語やことわざ、カタカナ言葉も含め、おもに仕事の現場で使える語彙を紹介します。語彙を増やすことは、人生の可能性を広げることを意味します。使える語彙が多ければ、思考が深まるほか、繊細なニュアンスまで相手に伝えることができます。

　たとえば「ヤバイ」は、いい出来事から悪い出来事まですべてを表現できる便利な言葉です。一方で、もしも「ヤバイ」という言葉ですべてを完結させようとすれば、その人の想像力や発想力、探求力などは軒並み衰退していくでしょう。その人のなかで"ヤバイ止まり"の世界が生まれてしまうからです。"ヤバイ止まり"の世界から抜け出すためには、新たな語彙との出会いが必須なのです。

脆弱（ぜいじゃく）　類語：弱々しい／壊れやすい／危うい

もろくて弱いこと。「脆弱性」で〈攻撃されやすい〉という意味。

例：このシステムは脆弱です。

相殺（そうさい）　類語：帳消し

お互いに"損得"や"貸し借り"を差し引いてゼロにすること。また、短所や長所などが差し引かれてなくなること。

例：今回の失敗で、これまでの実績が相殺されてしまった。

早急に（そうきゅうに）　類語：至急

非常に急ぐこと。「さっきゅう」とも「そうきゅう」とも読む。

例：早急な対応をお願いします！
補足：お礼を言うときは「早急のご対応、ありがとうございます」ではなく、「早速」を使って「早速のご対応〜」としたほうが、雰囲気が和らぎます。「迅速なご対応〜」とすれば、さらに丁寧です。

破綻する（はたん）　類語：水の泡になる／資金が尽きる／機能停止する
修復できないほど物事がうまくいかなくなること。成立しないこと。「経営破綻」といえば〈経営が立ち行かなくなること〉をいう。
例：このままではプロジェクトが破綻してしまう。

一役買う（ひとやく）
ある役目や役割、仕事を進んで引き受けること。手助けすること。
例：彼のアイデアが売り上げアップに一役買った。

招聘する（しょうへい）　類語：お越しいただく／お招きする
礼儀の限りを尽くして、丁寧に人を招くこと。
例：講師には専門家を招聘しましょう。

試金石（しきんせき）　類語：判定基準／目安
物事の価値や人の能力を見極める材料となるもの。
例：新事業のゆくえを占う試金石となるでしょう。

凡庸（ぼんよう）　類語：ありふれた／月並み／平々凡々
優れた点がない事や人。取り柄がなく平凡なこと。後出の「汎用」との混同に注意。　**例：凡庸なサービスだ。**

汎用（はんよう）　類語：万能／応用がきく

ひとつのものをいろいろな方面・分野に広く用いること。「汎」は〈広く行き渡る〉の意味。〈いろいろなものに使えて便利〉という意味で「汎用性がある」という使い方をすることが多い。前出の「凡庸」との混同に注意。　**例：汎用性の高いノートパソコンです。**

勘案する（かんあんする）　類語：考慮する／総合的に判断する

複数の事情・物事・条件などを考え合わせること。「勘」には〈よく調べて考えること〉という意味がある。
例：いろいろな意見を勘案しながら結論を出そう。

訴求（そきゅう）　類語：アピール

広告活動や販売活動を通じて、消費者の購買意欲を刺激すること。「訴求力」「訴求効果」「訴求対象」などの言葉もよく使われる。
例：このポスターは、どうも訴求力に欠ける。

精査（せいさ）　類語：吟味

細かいところまで詳しく調べること。
例：資料を精査する必要がある。

便宜を図る（べんぎをはかる）　類語：優遇する／融通をきかす／贔屓にする

利益になるようなことや、特別な計らいなどを行うこと。「便宜」とは〈都合の良いこと／便利であること〉。
例：イベントの実現に向けて、田中社長が便宜を図ってくれた。

常態化（じょうたいか）　類語：恒常化／浸透

もともとは異常であったことが当たり前の（普通の）状態になってい

ること。　**例：残業が常態化している。**

真骨頂（しんこっちょう）　類語：真価／本領発揮／面目躍如
そのものの本来の姿・実力のこと。「真」は〈本当の〉、「骨頂」は〈これ以上にない程度〉という意味。　**例：この商品は弊社の真骨頂だ。**

醍醐味（だいごみ）　類語：うま味／おもしろみ／おいしいところ
深い味わい。物事の本当の楽しさ・おもしろさ。〈最高の美味〉を意味する仏教用語から。　**例：これが仕事の醍醐味だ。**

意を酌（く）む　類語：斟酌（しんしゃく）する
他人の考え・意見を好意的（肯定的）に察すること。
例：創業者の意を酌んで事業を継続することにした。

瑣末（さまつ）　類語：些細／小さい／他愛のない
さして重要でないこと。取るに足らない小さなこと。
例：瑣末なことに時間をかけすぎないようにしよう。

早計（そうけい）　類語：性急／拙速／浅はか
（十分に考えずに出した）早まった考えや言動のこと。軽はずみな考えや言動のこと。　**例：いまここで結論付けるのは早計だ。**

懸案（けんあん）　類語：ペンディング／宙に浮いたまま／棚上げ
長らく未解決のままになっている事柄。「懸」は〈決着がつかない〉の意味。「懸案事項」の形でもよく使われる。
例：人材不足が長年の懸案だ。

ご査収（さしゅう）　類語：ご検収

中身をよく調べたうえで受け取ること。相手に送った書類やメール、ファイルの内容などを確認してもらいたいケースで使う。

例：お見積書をお送りいたしました。ご査収のほどよろしくお願いいたします。

割を食う　類語：割に合わない／見合わない／採算が合わない

損をする。不利となる。「割」は〈物事を割り当てること〉。「食う」は「肩透かしを食う」など〈好ましくない行為を受け入れる状態〉を指す。転じて〈割り当てられた役割や分配金が、労力や元手と釣り合わない〉という意味に。

例：A社が損失を出せば、うちも割を食うことになるだろう。

補足：「割がいい」「割に合う」は〈得をする〉という意味。

間尺に合わない（ましゃくにあわない）　類語：見合わない／割を食う／採算が合わない

割に合わない。損になる。損得勘定が釣り合わない。「間尺」とは〈建築物などの寸法のこと〉。寸法が合わないことから。

例：これは間尺に合わない仕事だ。

冗長（じょうちょう）

文章や話が、くどくどと長いこと。ムダが多いこと。悪い意味で使われる。　**例：文章が冗長すぎるのでカットしてください。**

淘汰（とうた）　類語：選別／ふるいにかける／適者生存

不必要なものや不適当なものを取り除くこと。生物学的には、自然環境に適応しない生物が滅び、適応する生物だけが残ること。

例：古い商品はいずれ淘汰されていく。

建て付け

もともと建築用語で〈戸や障子などの建具の取り付け〉の意味。ここ10年くらいで「構造」「骨格」「仕様」「仕組み」などの意味で使う人が増えている。

例：このサービスは利用者のリスクが小さい建て付けになっている。

先般

このあいだ。現在からそう遠くない過去のこと。「先日」よりも少し改まった言葉で、「先日」が広く"日にち"を指しているのに対して、「先般」はより絞り込んだ"出来事"を指している。なお、「先日」よりもさらに過去も含む「過日」という言葉もある（おもに書き言葉で使われる）。

例：先般のお打ち合わせで確認し忘れたことがあります。

肉薄　　類語：接近

競争などで、強敵のすぐ近くまで迫ること（①）。議論などで相手を鋭く問い詰めること（②）。身をもって敵地などに迫ること（③）。もともと「肉」は〈肉体〉、「薄」は〈迫る〉の意味で「肉迫」とも書く。体と体が触れ合うほど大勢が密集して敵陣に攻め寄ることから。ビジネスシーンでよく使われるのは①の用途。

例：売り上げ好調で、業界トップのＡ社に肉薄しつつある。

（数字を）丸める

四捨五入したり、小数点以下を切り捨てたりして、数字をわかりやすくすること。見積もりなどの場合であれば「丸める＝値引き」の意味もある。相手が有利になるよう端数を切り捨てるのがセオリー。

例：3万1800円のところを3万円に丸めよう。

第5章　武器としてのビジネス語彙力

末席を汚す（けがす）　類語：末席に名を連ねる

目上や尊敬する人たちが集まる会合やグループに加わるときに謙遜して使う表現。「末席」とは〈下座（＝目下の人が座る席）〉のこと。このフレーズでは「汚す」を「よごす」とは読まない。
例：歴史あるこの会の末席を汚させていただくことになりました。

根回し　類語：裏工作／下工作／水面下での調整

思いどおりの結果を得るために、あらかじめ関係者に意図や事情を説明し、話をつけておくこと。交渉や会議の前などに行われるケースが少なくない。〈木の移植に先立ち、根の周囲を掘って（根の一部を切断し）、細い根を育てておく〉という園芸用語から。
例：企画実現に向けて、各部署に根回しをしておく。

無尽蔵（むじんぞう）　類語：無制限／無限

（有用なものが）いくら取ってもなくならないこと。限りがないこと。豊富にあること。　**例：アイデアだけは無尽蔵にある。**

寸志（すんし）　類語：心付け／お心遣い

心ばかりの贈り物。また、感謝の気持ちを表す"少しばかりの金銭や品物"。少額のボーナス。「寸志」は目上から目下の人に渡すときに使う言葉であり、目下から目上の人に渡すときには使えない。
補足：のし袋や白い封筒に「寸志」と表書きする。品物の場合「寸志」と記した"のし"をつける。

ご厚志（こうし）／ご芳志（ほうし）

深い思いやり。心のこもった親切。上司や目上の人から寸志をいただいたことを、第三者に紹介するケースなどで用いる。

例：西村様よりご厚志（ご芳志）をいただきました。

老舗（しにせ）

由緒正しく伝統と格式のある店。長年同じ商売をしている信頼のある店。　**例：経営哲学を老舗から学ぶ。**

野暮用（やぼよう）

「野暮な用事」の略。仕事上の用事や日常的な用事、取るに足らない"つまらない用事"のこと（①）。あるいは、人に言いたくない用事のこと（②）。②の場合、この言葉の裏には〈用事が何であろうと、それ以上詮索しないでください〉というメッセージが隠されている。
例：あいにく今日は野暮用がございます。

機が熟す　　類語：満を持す／よい頃合いになる／時が満ちる

物事をするのにちょうどよい時機になること。
例：機が熟したら必ず実行に移します。

満を持す　　類語：万端を整える／機会をうかがう

十分に準備して機会を待つこと。
例：満を持して新事業を立ち上げた。

反故にする（ほご）

無駄にすること。役立たないものにすること。ビジネスシーンでは〈約束事や決定事項を取り消す（無効にする／破棄する）〉の意味でよく使われる。もともと「反故」とは〈書き損なって不要になった紙〉のこと。そこから転じて。　**例：わずか1カ月で契約を反故にされた。**

第5章　武器としてのビジネス語彙力

重宝(ちょうほう)する　　類語：重用する／愛用する／使い勝手のいい／役に立つ
便利なものとしてよく使うこと。貴重なものとして大事に扱うこと。
例：彼は石橋部長に重宝がられています。

檄(げき)を飛ばす　　類語：発破をかける／尻を叩く
誤用が定着した言葉のひとつ。本来の意味は〈文書で自分の考えや主張を伝えて、同意や決起を促すこと〉だったが、「檄」を「激励」の「激」と勘違いする人が増加。近年では〈元気のない人を激励したり、行動を促したりすること〉の意味で広く浸透している。「激を飛ばす」と書くのは誤り。　**例：スタッフに檄を飛ばす。**

一縷(いちる)の望み　　類語：一筋の光／一筋の光明／一条の光明
ほぼ絶望的だが、わずかに望みがあること。「一縷」とは〈一筋の細い糸〉のこと。転じて〈ほんのわずかな〉という意味。「一抹(いちまつ)の望み」という表現は誤り。　**例：一縷の望みを残している。**

したたか　　類語：しぶとい／ずる賢い
世慣れていて手強い様子。粘り強くてしぶとい様子。「したたか」は「強か」と書く。　**例：交渉にはある種のしたたかさが求められる。**

杜撰(ずさん)な　　類語：だらしない／ちゃらんぽらん
いい加減で根拠が正確でないこと。手落ちが多いこと。
例：杜撰な仕事で信用をなくしました。

捏造(でつぞう)する　　類語：でっち上げる／歪曲する
実際にはないことを、さも事実であるかのようにでっち上げること。「捏造」の慣用読みは「ねつぞう」。　**例：報告書を捏造する。**

一目置く(いちもくおく)　　類語：敬意を払う／評価する／認める

自分より優れていることを認めて、相手に敬意を払うこと。一歩譲ること。　**例：彼はこの業界で一目置かれている。**

一石を投じる　　類語：物議を醸す／波紋を呼ぶ

水面に石を投げると波紋が広がるように、人々の反響を呼ぶ問題を投げかけること。

例：このサービスは、業界に一石を投じることになるだろう。

釘を刺す　　類語：念押しする／注意・警告する／警笛(けいてき)を鳴らす

あとから相手が間違いを起こしたり、約束を破ったり、言い訳したりできないよう、あらかじめ念を押すこと。

例：口外しないようスタッフ全員に釘を刺しておこう。

逆鱗に触れる(げきりんにふれる)　　類語：反感を買う／気分を害す／激怒させる

目上の人を激しく怒らせたり機嫌を損ねたりすること。「逆鱗」とは竜のあごの下にある"逆さ鱗(うろこ)"のこと。そこに触れると竜が怒って人を殺すという故事から。　**例：部長の逆鱗に触れてしまった。**

関の山　　類語：精一杯／せいぜい

これ以上はできないという限度。多く見積もってもそこまでということ。関の山とは、三重県関町（現・亀山市）の八坂神社の祭礼に使われる山（山車(だし)）のこと。「これ以上豪華な山は作れない」と言われるほど立派なものであったことから。

例：予算を引き出せたとしても400万円が関の山だ。

前車の轍を踏む（前轍を踏む） 類語：二の舞を演じる

前の人と同じような失敗をあとの人がくり返すこと。〈前に行った車のわだちを、後続車が踏んでいくこと〉から。
例：前車の轍を踏まないよう注意しよう。

けんもほろろ 類語：冷たい／他人行儀

頼み事や相談事を、つれなく断る様子。まったく取り合わない様子。語源は諸説あるが、そのひとつが、「けん」はキジの鳴き声を、「ほろろ」はキジの羽音を表している、というもの。いずれの音も無愛想で冷淡に聞こえることから。「剣もほろろ」と書くのは誤り。
例：同僚に相談を持ちかけたが、けんもほろろに断られた。

三すくみ（三竦み） 類語：三つ巴

三者がお互いを恐れて牽制し合い、身動きが取れなくなること。AがBに対して、BはCに対して、CはAに対してそれぞれ一方的に強者、という力関係が生まれたとき、三者とも身動きが取れず、お見合い状態になる。この状態のことを「三すくみ」という。
例：3社で三すくみの状態が続いている。

生き馬の目を抜く 類語：老獪な／海千山千の

すばやくてずる賢いので、油断も隙もないこと。他人を出し抜いて利益を得ること。　**例：生き馬の目を抜くような業界だ。**

一筋縄ではいかない

類語：一朝一夕にはいかない／おいそれといかない

セオリー通りの方法ではうまくいかないこと。当たり前の方法では処理できない面倒なこと。頑固で扱いが難しい人。「一筋縄」とは〈1

本の縄〉のことで、1本の縄だけではうまく縛ってまとめることができないことから。　**例：このプロジェクトは一筋縄ではいかない。**

とどのつまり　　類語：あげくの果て／つまるところ

行き着くところ。結局のところ。多くの場合、思わしくない結果に対して使われる。出世魚の「ボラ」が次々に名前を変えて、最後には「トド」と呼ばれることから。

例：とどのつまり、計画は中止を余儀なくされた。

横車を押す（よこぐるま）　　類語：難癖をつける／言いがかりをつける

理不尽で道理に合わないことを強引に押し通すこと。「横に車を押す」ともいう。「横槍を入れる」と混同して「横車を入れる」とするのは誤り。　**例：彼はいつも横車を押してばかりで、敵を作ることが多い。**

横槍を入れる（よこやり）　　類語：邪魔する／水を差す／妨害する

第三者が横から口を出して、人の話や行動、仕事などを妨げること。横から口を出されることは「横槍が入る」という。

例：今回も部長の横槍が入った。

一線を画す（る）　　類語：違いを見出す／境界を定める

〈境界線を引く〉という意味から、はっきり区別すること。違いがはっきりしていること。より優れているというニュアンスを含んでいることも多い。　**例：競合他社と一線を画す商品と自負しています。**

大鉈を振るう（おおなた・ふ）　　類語：大幅削減（カット）する

減らす必要のあるものを思いきって削減・整理すること。「大鉈を振る」は誤り。　**例：社長が今期の予算に大鉈を振るうらしい。**

枚挙にいとまがない　　類語：数え切れない

「枚挙」は〈数え上げること〉で、「いとまがない」は漢字で書くと「暇がない」。つまり〈ひまがないこと〉。転じて〈数え上げるときりがない／いちいち数えてはいられない〉という意味。
例：この手の事例は枚挙にいとまがない。

矢面に立つ　　類語：攻撃の的になる／標的になる

「矢面」とは、戦場で敵の矢が飛んでくる正面のこと。転じて、批判・抗議・非難・攻撃などを受ける立場に身を置くこと。
例：何かあったとき、きまって矢面に立たされるのは山下店長だ。

肝煎り

親身になって、双方の間を取りもつこと。斡旋をしたり、世話を焼いたりすること。最近では〈その人（組織）が最も力を入れている事柄〉という意味で使う人も増えている。〈肝を煎る＝心をじっくり煮る＝心を込めて世話をする〉から。「肝入り」の表記を認めている辞書もある。
例１：井上社長の肝煎りで、５年ぶりにＡ社と取引することになった。
例２：このプロジェクトは社長の肝煎りだ。

外堀を埋める　　類語：切り崩す／逃げ道をなくす

目的を達成するために、周辺の問題から処理・解決していくこと。敵の城を攻めるときに、まず外側の堀を埋めることから。
例：対話を重ねながら外堀を埋めていくしかない。

人海戦術　　類語：人海作戦

たくさんの人を投入して物事を行うこと。損害覚悟で大兵力を動員し、数の力で敵を押し込む戦法から。

例：今回のプロジェクトは人海戦術でいくしかない。

辣腕(らつわん) 類語：敏腕／凄腕／腕利き／やり手／切れ者／実力者
物事をすばやく的確に処理する能力のあること。しばしば「辣腕を振るう」「辣腕を発揮する」の形で使われる。
例：再建を目指して新社長が辣腕を振るった。

草分け
類語：先駆者／パイオニア／フロントランナー／〇〇のはしり
ある物事を初めて行うこと（行った人）。創始者。
例：彼はAIビジネスの草分け的存在だ。

遜色(そんしょく)ない 類語：引けを取らない／匹敵する／肩を並べる
「遜色」は〈見劣りすること〉。そこに否定語の「ない」をつけて、〈他と比べて見劣りしない／品質などが同程度である〉という意味。
例：高級店と比べても遜色ない満足度だ。

暗礁(あんしょう)に乗り上げる 類語：膠着(こうちゃく)状態／頓挫する
思わぬ障害が現れて、物事がうまく進まなくなること。〈暗礁（海中に隠れて見えない岩）で船舶が座礁して身動きが取れなくなること〉から。 **例：交渉が暗礁に乗り上げる。**

俎上(そじょう)に載せる 類語：俎(まないた)に載せる
ある物事や問題などを取り上げて、さまざまな角度から議論・批評・考察すること。「俎上」は〈まな板の上〉という意味で、料理するときに魚をまな板の上に載せることから。「俎上に上げる」は誤り。
例：本日の会議では、プランAが俎上に載せられた。

相乗効果　　類語：相互作用

ふたつ以上の物事・人を組み合わせることによって、単体で得られる以上の成果が得られること。ビジネスシーンでは「シナジー効果」と呼ぶことも多い。
例：商品AとBを同時発売すれば高い相乗効果を狙える。

埒が明かない（らちがあかない）　　類語：打つ手立てがない／打開策がない

事態が進展しない。問題が解決しない。決着がつかない。もともとは「埒が明く（＝物事の決まりがつく）」の形で使われていた。「埒」とは馬場の周囲に巡らせた柵のことで、競馬を見に来た客が、柵が外されるのを待ちわびて口にした、など語源は諸説ある。
例：これ以上話をしても埒が明かない。

奔走する（ほんそうする）　　類語：東奔西走する／駆けずり回る／飛び回る

物事がうまくいくよう（実現するよう）、あちこち駆け回って努力すること。忙しそうに走り回ること。　**例：スポンサー集めに奔走する。**

乖離（かいり）　　類語：分離／隔たり／ギャップ

背（そむ）き離れること。結びつきが離れること。「乖」は〈背く〉、「離」は〈離れる〉という意味から。
例：掲げている理念と実際の活動が乖離している。

齟齬（そご）　　類語：食い違い／行き違い／相違

物事や意見が食い違って、うまくかみ合わないこと。「齟」は〈かむ〉、「齬」は〈食い違う〉の意味。〈上下の歯がかみ合わないこと〉から。
例：両者の見解には齟齬がある。

噴飯もの　　類語：片腹痛い／笑止千万／ちゃんちゃらおかしい

ばかばかしくて、たまらず噴き出してしまう出来事。もの笑いの種になるような、みっともない出来事。近年では〈腹立たしくて仕方ないこと〉という意味で使う人が増えてきた。
例：A社が飲食事業に乗り出すなど噴飯ものだ。

鎬を削る　　類語：競い合う／切磋琢磨する

激しく争うこと。「鎬」とは〈刀の刃と峰（背の部分）の間にある稜線を高くした箇所のこと。その鎬が削れるほど激しく刀で切り合うことから。「凌ぎを削る」と書くのは誤り。
例：斉藤と山口は鎬を削ってきたライバルだ。

推して知るべし　　類語：自明のこと／想像に難くない

よく考えてみれば簡単にわかる。容易に推察できる。「推す」とは〈推測する〉の意味。　**例：A社のトップセールスマンだったくらいだから、その実力は推して知るべしだ。**

物の数ではない（物の数とも思わない）

類語：大した問題ではない
特別のものとして取り上げるほどのもの（問題）でもない。注目に値する物事ではない。　**例：これくらいの失敗は物の数ではない。**

杓子定規　　類語：融通がきかない／柔軟性に欠ける／頭が固い

決まった基準や型、規則にとらわれて融通や応用がきかないこと。誤った基準で物事を判断しようとすること。曲がっている杓子の柄をムリに定規の代用とすることから。
例：中本さんの考えは杓子定規で柔軟性に欠ける。

出来レース

話し合いがついている"出来合いのレース"という意味の俗語。見かけは真剣そのものながら、事前の話し合いなどにより、始める前から結果が決まっている"仕組まれた勝負や競争"。「談合」や「八百長」もこれのひとつ。"実力差が大きく、結果が歴然としている勝負"を指して使うのは誤り。　**例：今回の役員選は完全な出来レースだ。**

足元を見る　　類語：弱点を突く／弱点を攻める

人の弱みにつけ込んで自分の要求を通そうとする。その昔、馬方や駕籠昇きが、旅人の足元を見て"疲れ具合"を見抜き、高い料金を要求したことから。「足下を見る」「足許を見る」とも書く。
例：あの人はいつもこちらの足元を見てくる。

梃入れ(テコ入れ)　　類語：立て直し／修正

期待通りにいかず、不振が続いている物事や状況に対して、何かしらの改善策を実施し、軌道修正を図ろうとすること。「梃」とは〈物を動かすのに使う長い棒〉のこと。小さい力を大きい力に変えることができることから。
例：販売部数低下の梃入れとして誌面のリニューアルを断行した。

高を括る　　類語：軽んじる／見くびる／見下す／過小評価する

その程度だろうと軽く考えること。大したことはないと見くびること（侮ること）。相手や対象を過小評価している（甘く見ている）状況で使う。「高」は〈数量の程度〉、「括る」は〈まとめる〉から、この程度（高）だろうとまとめること。
例：高を括っていたら痛い目にあった。

匙(さじ)を投げる　　類語：手を引く／見捨てる／見放す

もう回復や救済・解決・成功の見込みがないと諦める（断念する）こと。医者が薬を調合する匙を投げ出して、もう治療法がないと患者を見放すことから。　　**例：匙を投げずに頑張った甲斐があった。**

席巻(せっけん)する　　類語：脚光を浴びる／世間を賑わす／話題を振りまく

猛烈な勢いで、勢力を広げること。中国の史書『戦国策』に用いられた比喩で、席(むしろ)を巻くように、一気に領土を攻め取ることから。
例：商品Ａが市場を席巻し始めた。

雲泥(うんでい)の差　　類語：雲泥の違い／天と地の差／月とすっぽん

大きな隔たりや差。非常にかけ離れていること。「雲」は〈空〉にあって、「泥」は〈地面〉にある。また、「雲」は〈白く美しい〉もので、「泥」は〈黒く汚い〉もの。その差の大きさを表現している。
例：商品ＡとＢの品質には雲泥の差がある。

通(とお)り一遍(いっぺん)　　類語：当たり障りのない／薄っぺら

表面的。うわべの形だけ。形式的で心がこもっていない様子。「通り」は〈通過〉、「一遍」は〈一度〉。〈通りがかりに立ち寄っただけ〉という意味から。「通り一辺倒」と言うのは誤り。
例：通り一遍の説明では納得できない。

芽(め)を摘(つ)む　　類語：邪魔をする／阻害する

成長・発展・開花する可能性を取り除くこと。植物などの若い芽を摘み取ることから、「悪の芽を摘む」のように、ネガティブな要素を取り除く意味でも使われる。
例：社員の成長の芽を摘むような指導は控えよう。

梯子を外される　類語：見捨てられる

高い地位や役職に就いたあと、あるいは、主導的な立場に座らされたあと、仲間や味方が態度を変え（手を引き）、孤立してしまうこと。はしごを外されて高い場所に置き去りにされることから。

例：この期に及んで梯子を外されたら手の打ちようがない。

天井知らず　類語：青天井

物価や相場の上昇が止まらない状態のこと。〈天井があるのかないのかわからない〉という意味から。　**例：原油の相場が天井知らずだ。**

楔を打ち込む　類語：歯止めをかける／邪魔立てする／亀裂を入れる

他の勢力範囲に自分たちの勢力を広げていく足がかりを作ること。また、相手の勢力を二分すること。「楔」とは堅い木材や金属や石などで作られたV字形や三角形の道具のことで、木材・石材を割ったり、物と物とが離れないようにしたりと、さまざまな目的で使われる。

例：２社独占のマーケットに、わが社が楔を打ち込んだ。

布石を打つ　類語：伏線を張る／予防策を講じる／手を回す

将来を見越して、あらかじめ準備を整えておくこと。囲碁用語で〈対局の序盤に先を予測して石を打つ〉という意味から。

例：独立開業へ向けて布石を打っておこう。

頭角を現す　類語：台頭する

才能や学識、腕前などが群を抜いて優れ、その存在が際立って目立つこと。「頭角」とは〈獣の頭（角）〉のこと。角が抜きん出ていて、獣の群れのなかでひと際目立つことから。

例：彼は主任になった頃から頭角を現し始めた。

お墨付き　類語：太鼓判を押す

権力・権威・権限のある人の許可を与えたり、承諾や保証をしたりすること。その昔、将軍や大名から領地をもらうときに、その証明となる文書（花押〈黒印〉のある文書）を残したことから。
例：小林専務からお墨付きをもらった企画です。

付け焼き刃　類語：生かじり／うわべだけの／生半可

その場しのぎのために、慌てて覚えた知識や技術。刀鍛冶用語で、切れ味の悪い刀に鋼の焼き刀を付けても、（一見切れそうに見えるが）実際には切れないことから。
例：付け焼き刃の知識では、お客様を納得させる説明はできない。

骨抜き　類語：腑抜け／弱体化／形骸化

物事の本質や肝心な部分が取り除かれて、価値や中身がなくなること（薄まること）。また、気概や気骨が失われて軟弱になること。料理の際に魚や鳥の骨を抜き取ることから。
例：せっかくのプランが骨抜きにされた。

奥の手　類語：秘密兵器／最後の手段／切り札

とっておきの策・手段・技芸。秘訣。極意。
例：こうなったからには奥の手を使うしかない。

水を向ける　類語：話を振る

自分の望む方向に相手の関心が向くよう誘いかけること。自分が聞きたいことを相手が話すよう仕向けること。巫女が霊を呼び出すときに水を差し向けることから。
例：お客様にそれとなく水を向けてみる。

金に糸目をつけない　　類語：羽振りがよい／気前がいい

物事をする際に一切の制限を加えないこと。惜しみなくお金を使うこと。「糸目」とは〈あげた凧のバランスを取るために、凧の表面につけた数本の糸〉のこと。糸がなければ、凧はどこかへ飛んでいってしまう。その様子と、制限のない状態をかけている。
例：どうせなら金に糸目をつけずに最高の素材を使いたい。

堂々巡り　　類語：行き詰まり／膠着状態／出口の見えない状態／難航

同じ意見や主張、議論がくり返されて、少しも先へ進まないこと。語源は、祈願のために寺社のお堂の周りを何度も回ることという説や、「堂々＝公然と行う様子」からという説がある。
例：堂々巡りの話し合いを続けていても意味がない。

向こうを張る　　類語：反発する／対抗する／抵抗する／反対する

張り合う。対抗する。丁半賭博で親に対して「張り合う」「対抗する」という意味から。　**例：競合の向こうを張って新商品を投入した。**

手塩にかける　　類語：目をかける

自らいろいろと世話をして大切に育てる。
例：手塩にかけたプロジェクトを部下に引き継ぐ。

風雲急を告げる　　類語：切迫した／差し迫った

情勢が不穏で、何か大事が起こりそうな気配がすること。「風雲」は〈世の流れ・情勢〉の意味。
例：風雲急を告げる業界再編の動きから目が離せない。

首をすげ替える　　類語：トップを替える

重要なポストに就いている人を辞めさせて、新しい人と入れ替えること。「すげる（挿げる）」の意味である〈人形の首などを挿し込んで付けること〉から転じて。　**例：事務局長の首をすげ替える。**

あいみつ

「相見積もり」の略語。かかる費用（金額）を比べるために、複数の会社（業者）から同じ条件で出してもらう見積もりのこと。「あいみつを取る」の形で使うことが多い。　**例：あいみつを取って決めよう。**

色をつける

〈融通をきかす〉というニュアンスの言葉で、仕事では〈値引きをする。報酬を少し多めに出す。おまけをつける〉などの意味。〈色（＝愛情）を添える〉から。　**例：仲介料に少し色をつける。**

奇を衒う　　類語：奇抜／突飛／突拍子もない

わざと変わったことをして、他人の注意を引こうとすること。「奇を狙う」は誤り。

例：このパッケージは奇を衒いすぎではないだろうか。

Scene 2 感情&心理表現としてのビジネス語彙

おくびにも出さない
類語:素振りも見せない/何事もないかのように
物事を心に秘めて口に出さず、それらしき様子も見せないこと。「おくび」の意味である〈胃の中にたまったガスが口から出る「げっぷ」〉から転じて。
例:売り上げが落ちてきていることは、おくびにも出しませんでした。

清濁あわせ呑む
類語:度量の広い/器の大きい/寛容な/懐の深い
心が広く、善も悪も分け隔てなく受け入れること。度量が大きいことのたとえ。
例:清濁あわせ呑む度量が、彼がリーダーに抜擢された最大の理由だ。

身を粉にする
類語:労を惜しまない/粉骨砕身する/心血を注ぐ
苦労をいとわず努力すること。労力を惜しまず一心に働くこと。「粉」を「こな」と読むのは誤り。 **例:身を粉にして働く覚悟です。**

忖度する
類語:思いを汲み取る/気をきかせる
他人の心のなかを推し量ること。推測・推察すること。
例:お得意様の意向を忖度して改善しよう。
補足:昨今、"権力者におもねる"という悪いニュアンスで使われているが、本来この言葉に悪い意味はない。

斟酌する　類語：推し量る

相手の立場や事情、気持ちなどを汲み取ること。また、それらを踏まえて手加減すること。　**例：部下の評価に斟酌を加える。**

お見逸れ　類語：恐れ入る／感服する

相手の優れた才能や手腕、腕前、技量などに気づいていなかった、あるいは、誤った評価をしていたことについて、謙遜してお詫びするときに使う言葉。また、近くにいたにもかかわらず、その相手に気づかなかったときのお詫びにも使う。目上の人へのほめ言葉としても有効。通常「お見逸れしました」の形で使われる。
例：営業成績までトップだったとは、お見逸れしました。

煮え湯を飲まされる　類語：飼い犬に手を噛まれる

身内や信用していた人に裏切られてひどい目にあうこと。裏切られること。敵対している人やライバルに使うのは誤り。
例：ここまでの仕打ちを受けるとは、煮え湯を飲まされた気分だ。

片腹痛い　類語：噴飯もの／ちゃんちゃらおかしい

ばかばかしく滑稽であること。おかしいときに片方の脇腹が痛くなることから。相手のことをあざける言葉。
例：考え方が幼稚過ぎて片腹痛い。

臆面もなく　類語：厚かましい／ふてぶてしい

気後れや遠慮がない様子。ぬけぬけと図々しい様子。
例：社長の前で彼は臆面もなく自分の意見を言ってのけた。

煮え切らない　類語：優柔不断
ぐずぐずして、態度がはっきりしない。
例：彼は煮え切らない態度を取り続けた。

馬脚（ばきゃく）をあらわす　類語：本性を露（あらわ）にする／化けの皮が剝がれる
隠していた悪事や本性が、明らかになることのたとえ。「馬脚を出す」は誤り。　**例：彼が酒の席で馬脚をあらわした。**

食傷（しょくしょう）　類語：うんざり／げんなり／飽き飽き
同じことのくり返しでうんざりすること。本来の意味〈食べ過ぎで胃がもたれること〉から。　**例：毎日ルーティンばかりで食傷気味だ。**

肩透かし　類語：当てが外れる／期待外れ／拍子抜け／見込み違い
勢いよく向かってくる相手のやる気を削ぐこと。出てくる相手力士をかわしつつ、相手の肩口をはたいて引き落とす相撲の技から。
例：彼の返事には肩透かしを食わされた気分だ。

手のひらを返す　類語：手の裏を返す
人に接する態度が急変すること。手のひらを返すのが簡単なことから。「掌（てのひら）を返す」とも書く。
例：彼はまるで手のひらを返すかのように冷たくなった。

薄氷（はくひょう）を踏む　類語：肝が縮むような／綱渡りの
水面に薄く張られた割れやすい氷の上に乗るように、極めて危険な場面・状態に身を置くこと。　**例：何としてでも納期に間に合わせようと、ここ数日、薄氷を踏む思いで頑張ってきた。**

腑に落ちない　　類語：合点がいかない／すっきりしない

心から納得できない様子。「腑」には〈内蔵（とくに胃）〉以外にも〈心／考え〉という意味がある。食べ物が胃に落ちないと消化不良になることから。　**例：腑に落ちない説明だ。**

合点がいく　　類語：腑に落ちる／腹落ちする

事情や理由を理解すること。納得すること。「合点」は〈承知・納得〉の意味で、"心の中でうなずいている状態"を指す。
例：彼の説明を聞いてようやく合点がいった。

溜飲が下がる

類語：胸のつかえが取れる／心が軽くなる／気分が晴れる

不平や不満、恨み、わだかまりなどが消えて、気持ちがすっきりすること。「溜飲」とは、飲食物が胃に溜まって、すっぱい胃液が喉に上がってくること。その溜飲が下がることでモヤモヤしていた不快感が消え、気分がせいせいすることから。
例：先方から直接お詫びの言葉をもらったことで溜飲が下がりました。

業を煮やす　　類語：堪忍袋の緒が切れる

思うように物事が進まず、腹を立てること。「業」は仏教語で〈身心の動き〉を表し、「煮やす」は〈火にかけ熱すること〉から。
例：進展しない議論に業を煮やした課長が、ついに割って入ってきた。

舌の根も乾かぬうちに　　類語：言うや否や／間髪を容れず

言葉を言い終えるか終えないかのうちに（すぐに）、前言と違う言動を取ること。そのことを非難する目的で用いる言葉。「舌の先も乾かぬうちに」は誤り。　**例：彼は舌の根も乾かぬうちに前言を撤回した。**

杞憂（きゆう）　類語：取り越し苦労／余計な心配／下種の勘繰り

心配する必要のないことをあれこれ気に病むこと。古代中国の杞の国の人が、天が崩れ落ちてこないか心配したことから。「憂」は〈心配事／不安／思い悩む〉といった意味。

例：部長に叱られるかと思ったが杞憂に終わった。

毛頭（もうとう）ない　類語：微塵もない／全然ない／さらさらない

まったくない。「毛頭」とは〈毛の先ほども〉という意味。それがないことから。気持ちや意思など"人の心"と関連した事柄に使う。「予算が毛頭ない」などとは言わない。

例：彼を責める気持ちは毛頭ない。

歯に衣（きぬ）着せぬ　類語：ずけずけとものを言う

遠慮せず、思ったことを率直に言うこと。「衣」は衣服のこと。通常、肯定的に「歯に衣着せる」という使い方はしない（「オブラートに包む」のような表現を用いる）。「歯に絹着せぬ」と書くのは誤り。

例：歯に衣着せぬ物言いが彼の良さだ。

判然としない

類語：確かではない／明らかではない／はっきりしない

はっきりとはわからない（理解できない）。「判然」は〈明らかな〉という意味。　**例：このプランの意図が判然としない。**

失念（しつねん）する

うっかり忘れること。「失念する」は「忘れる」の謙譲語。尊敬語と間違って「お客様が失念したようです」と言わないように。

例：恥ずかしながら失念しておりました。

滅相もない

とんでもないこと。程度のはなはだしいさま。相手の言葉を否定する使い方が一般的で「とんでもない」よりも、謙遜のニュアンスが強い。〈存在すべてが消滅する〉という仏教用語から。

例：【店長昇進をほのめかされた際に】滅相もございません。私にはまだ荷が重すぎます。

手前味噌

自らを誇ること。自画自賛すること。自慢すること。〈自家製の味噌の味を自慢すること〉から。

例：手前味噌ではございますが、弊社の実績をご紹介します。

及び腰になる

類語：気後れする／腰が引ける／尻込みする／物怖じする

自信がなさそうな態度や心理状態。遠慮したり恐れたりしているような中途半端な態度。「及び腰」は、〈中腰で手を前方に伸ばした不安定な腰つき〉。　**例：交渉が及び腰になる。**

有り体に言えば　　類語：正直に言うと／率直に言うと／ぶっちゃけ

ありのままに言うなら。隠すことなく言うなら。

例：有り体に言えば、やる気が感じられませんでした。

Scene 3 教養を感じさせる語彙

目白押し　　類語：すし詰め
たくさんの人や物が隙間なく並ぶこと。群れをなして木に止まるメジロ（鳥）の習性から。
例：今年の展示会は注目の新製品が目白押しだ。

大黒柱　　類語：屋台骨／支柱
家族、国、組織、団体などの中心として、それを支えている人。日本家屋の中央で家を支えている特別に太い柱から。
例：このプロジェクトの大黒柱は木下さんだ。

十八番（じゅうはちばん）　　類語：専売特許／取り柄／お家芸
その人が最も得意とすること。とっておきの得意の芸。「おはこ」とも言う。諸説ある由来のうちのひとつが、歌舞伎の市川家が得意とする「歌舞伎十八番」の台本を箱入りで保存していたというもの。
例：まさしく弊社の十八番ともいえる商品です。

珠玉の（しゅぎょく）　　類語：随一の／無双の／最上の／至高の
美しいもの。優れたもの。立派なもの。尊いもの。とくに芸術作品についていうことが多い。　**例：珠玉の演出でした。**

垂涎（すいぜん）　　類語：喉から手が出る／生唾もの
あるものをとても欲しがること。本来の意味である〈よだれを垂らす

こと〉から。　例：マニア垂涎の逸品です。

一家言（いっかげん）　類語：持論
その人独自の見解や主張。見識のある人の意見。
例：彼は教育について一家言もっている。

いぶし銀　類語：深みのある／味わい深い／渋みのある
見た目の派手さや華やかさはないものの、渋くて味わいのある人や物事のこと。「燻した銀」は表面の光沢が消え、渋くて味わいのある質感になることから。　**例：彼の仕事ぶりはいぶし銀だ。**

一枚看板
大勢の中で中心となる人物のこと。代わりのない優れたものや人。唯一の宣伝効果をもつもの。　**例：彼は営業部の一枚看板のような存在だ。**
補足：「二枚看板」は、その組織の代表となるような2つのもの。また、2人の代表人物のこと。

諸刃の剣（もろはのつるぎ）　類語：両刃の剣
一方では役に立つ可能性があるが、他方では危険や害をもたらす恐れもあること。「もろはのけん」と読むのは誤り。
例：投資というのは常に諸刃の剣です。

焦眉の急（しょうびのきゅう）　類語：急務
危険が差し迫って、一刻の猶予もない状態のこと。
例：焦眉の急ともいえるこの問題を、早急に解決する必要がある。

目から鼻へ抜ける

類語：物覚えがいい／飲み込みが早い／察しがいい

物事の理解や判断がすばやく、非常に頭がいいこと。

例：目から鼻へ抜ける優秀さだ。

胸突き八丁（むなつき はっちょう）

類語：踏ん張りどころ／正念場／勝負どころ

もっとも困難で苦しいときを迎えること。仕事や学業などが目標に達成する直前の一番苦しい時期を指す。富士山に登るとき、山頂近くがとくに険しいことから。

例：A社との交渉は胸突き八丁にさしかかった。

水泡に帰する（すいほう き）

類語：立ち消えになる／白紙になる／振り出しに戻る

それまでの努力や苦労が、すべて無駄に終わる。水の泡のように、あっけなく消えてしまうことから。

例：最悪の場合、これまでの苦労が水泡に帰してしまうかもしれない。

紋切り型

類語：均質／画一的／没個性／ステレオタイプ／手垢のついた

（物事のやり方やものの見方、態度などが）型どおりで新しみがないこと。もともとは、紋形を切り抜くための型を指す言葉。最近では〈融通がきかない〉というニュアンスで使われることも。

例：紋切り型の意見では響かない。

後塵を拝する（こうじん はい）

類語：後手に回る／出遅れる／リードを許す

人に先を越されて遅れをとること。「後塵」とは〈人や車馬が通り過ぎた後に立つ土ぼこり〉のこと。その土ぼこりを浴びる（拝す）ことから。〈権力のある人につき従う（こびへつらう）〉という意味もある。

「黄塵」と書くのは誤り。

例：もたもたしていると他社の後塵を拝してしまうだろう。

言質を取る（げんち）

あとで証拠となる発言や約束を相手から引き出すこと。"人質"ならぬ"言葉質"のイメージ。　**例：交渉相手の言質を取る。**

玄人はだし（くろうと）　類語：素人離れ

玄人が"はだし"で逃げだすほど技芸などに優れていること。素人をほめるときに使う言葉で、専門家に対して使うと失礼にあたる。「玄人」と「素人」を間違って「素人はだし」としないように。「素人が逃げ出すほど〜」では、ほめたことになりません。

例文：玄人はだしの腕前に驚きました。

板につく　類語：様になる／堂に入る／ものにしている

行動や態度、服、立ち居振る舞いなどが、地位・職業などにふさわしくなること。「板につく」の「板」は〈舞台に張ってある床板〉で、「つく」は〈見事に合う〉という意味。役者が経験を積み、しだいに舞台と調和する芝居をするようになっていく様子から。

例：マネージャー業がすっかり板につきましたね。

あんばい（塩梅・按排）　類語：具合／様子／状況

料理の味加減（①）、物事の具合や調子、加減（②）、体の具合や健康状態（③）、ほどよく物事を処理すること・ほどよくものを並べること（④）などの意味がある。一般的に①〜③の意味で使うときは「塩梅」と書き、④の意味で書くときは「按排（按配／案配）」と書く。

例：規模、客層、地域性など、すべての点においていい塩梅だ。

御託(ごたく)を並べる　　類語:能書きを垂れる／講釈を垂れる

自分勝手なことを偉そうに言うこと。もったいぶってくどくどと言うこと。「ごたく」は「御託宣(ごたくせん)」の「宣」を略した語。「御託宣」とは〈神仏のお告げ〉のこと。「並べる」は〈次々に言う〉の意味。神仏のお告げの話をする人はいささか傲慢で、しかも、その話がもったいぶって長いことから。　例:御託を並べずに作業に取り掛かろう。

重箱の隅をつつく

類語:粗探しをする／揚げ足を取る／言葉尻を捉える

取るに足らないことばかり取り上げて難癖をつけること。細かいことまで問題にすること。「重箱」とは〈料理を詰めるお重のこと〉で、その四隅に残ったものを楊枝でつついて食べることから。「重箱の隅をほじくる」とも言う。

例:田辺課長は、重箱の隅をつつくようなことしか言わない。

沽券(こけん)に関(かか)わる　　類語:面目が立たない／名誉(信用)に関わる

人のプライドや評判、品位、体面などに傷がつきかねないこと。もともと「沽券」とは〈土地や建物の売り渡し証文のこと〉で、のちに〈人の値打ち／品位／プライド〉などの意味で使われるようになった。

例:このまま売り上げが落ちれば、社長の沽券に関わる。

行間(ぎょうかん)を読む　　類語:深読みする／空気を読む

文章や会話において、文章や言葉では表現されていない筆者(相手)の真意や意向、心情などを汲み取ること。

例:行間を読ませるようなビジネス文書を書くな。

大車輪の活躍   類語：大活躍／目覚ましい活躍ぶり／八面六臂の活躍

「大車輪」とは〈一生懸命に力を尽くして頑張ること〉。そこから一生懸命に取り組んで大きな成果や功績を残すという意味。
例：大車輪のご活躍ですね。

鬼籍に入る   類語：他界する／成仏する／往生する／故人となる

死亡すること。「鬼籍」とは、閻魔大王がもつ"死者の台帳"のこと。この台帳に死者の姓名や死亡年月日が記載されるといわれる。
例：課長のお父様が鬼籍に入られたそうです。

当て馬   類語：噛ませ犬

「当て馬」とは馬の種付けの際、その気にならない牝馬を興奮させるためだけにあてがわれる牡馬のこと。転じて、相手の手の内をうかがうために、仮の人を出すこと。また、その人のこと。
例：彼は当て馬として利用されただけだった。

引導を渡す   類語：死刑宣告をする

相手にあきらめるよう最終宣告すること。もともとは〈葬儀の際に導師の僧が棺の前で、死者に"死んだこと"を解らせる〉という仏教用語。「印籠を渡す」は誤用。
例：彼に引導を渡せるのは新村社長しかいない。

隔世の感   類語：今昔の感

「隔世」とは〈世を隔てること＝時が経ったこと〉。「隔世の感がある」で、時代や世の中が大きく変わってしまった感じがするといった感慨を表す。　**例：スマホで遠隔会議ができるようになるとは、隔世の感を禁じえません。**

Scene 4 ビジネスで使える四字熟語

慇懃無礼（いんぎんぶれい）

「慇懃」は言葉や振る舞いが丁寧で礼儀正しいこと。そこに「無礼」を組み合わせると〈表向きは丁寧ながら、実際は無礼である（横柄である）〉という意味になる。なお、表向きも無礼な場合は「傲慢無礼」や「傲岸不遜（ごうがんふそん）」と言う。

例：お客様に対して慇懃無礼な態度を取るべきではない。

付和雷同（ふわらいどう）

「付和」とは〈あいづち〉、「雷同」とは〈雷が鳴るとすべてのものが響くこと〉。転じて、「付和雷同」とは自分の意見や考えがなく、むやみに他人の意見に同調すること。

例：うちのメンバーは付和雷同しすぎだ。

針小棒大（しんしょうぼうだい）

「針」くらい小さな事柄を、「棒」ほどに誇張して言うこと。物事を大げさに言うたとえ。

例：この広告文は針小棒大と言わざるをえない。

岡目八目（傍目八目）（おかめはちもく）

囲碁から生まれた言葉で、実際に対局している人よりも、はたで見ている人（＝岡目）のほうが八手（＝八目）先を見通すことから、第三者のほうが当時者よりも物事・真相・情勢がよく見えること。

例：岡目八目とも言うので、いろいろな人の意見に耳を傾けよう。

海千山千（うみせんやません）

経験が豊富で、表の事情はもとより、裏の事情にも精通している人。また、そういうしたたかでずる賢い人。敬意を払うべき相手に使うと失礼にあたる。
例：海千山千の彼だから、難局を乗り越えることができたのだろう。

粉骨砕身（ふんこつさいしん）

「粉骨」とは〈骨を粉にすること〉で。「砕身」とは〈身を砕くこと〉。転じて、力を尽くして懸命に努力すること。仕事を任されたときの返答にも使える。「粉骨砕心」と書くのは誤り。
例1：彼は会社のためなら粉骨砕身する男です。
例2：粉骨砕身の意気で取り組みます。

自縄自縛（じじょうじばく）

〈自分の縄で自分を縛る〉という意味から、自分の考え・発言・行動によって身動きが取れなくなり、苦しい立場に追い込まれること。
例：お客様の利益を優先するあまり、自縄自縛に陥ってしまった。

馬耳東風（ばじとうふう）

「東風」とは〈春に吹く心地よい風〉のこと。そんな風が吹いても、馬は喜ばない（感情が動かない）。転じて、他人の意見や指摘、批判、忠告などを聞き流して、知らん顔していること（反省もしない）。
例：馬耳東風の態度を取り続ける限り、またミスが起きるはずだ。

玉石混淆（ぎょくせきこんこう）

「玉」は〈宝石〉のこと。〈宝石と石が混ざっていること〉が転じて、いいものと悪いもの、優れたものと劣ったものが入り交じった状態のこと。「淆」が常用漢字ではないため、「交」で代替されることもある。「玉石混合」は明らかな誤り。
例：インターネット上の情報は玉石混淆です。

有耶無耶（うやむや）

はっきりしないこと。あいまいなこと。はっきりしない裏には"誰かの意図がある"というケースに用いられる。〈有るのか無いのかはっきりしない〉という意味から。
例：クレームを入れたが、結局は有耶無耶にされてしまった。

呉越同舟（ごえつどうしゅう）

〈その昔、中国で敵対していた「呉」と「越」の国の人が同じ舟に乗り合わせたとき、助け合って突風から舟を守った〉という逸話が転じて、仲の悪い者同士が同じ場所に居合わせること。さらには共通の利害のために、一時的に行動を共にしたり、協力し合ったりすること。
例：A社とB社が手を組むとは、まさしく呉越同舟だ。

四面楚歌（しめんそか）

〈楚の項羽が敵軍（漢軍）に囲まれた際、四方から楚の歌が聞こえてきたため、楚はすでに漢に降伏したのかと思って絶望した〉という。その故事が転じて、周囲にいるのは敵や反対者ばかりで、味方や助けてくれる人がいないこと。「孤立無援」と同義。
例：四面楚歌の状態でも彼は前を向き続けた。

八面六臂(はちめんろっぴ)

ひとりで何人分もの働きをすること。さまざまな分野で際立った活躍をすること。〈八つの顔と六本の腕をもつ仏像〉のたとえから。
例:八面六臂の活躍で業界に風穴を開けた。

朝令暮改(ちょうれいぼかい)

〈朝に出された命令や法律などが夕方には変更される〉という意味が転じて、命令や法律、方針などが一貫せず(定着せず)、頻繁に変更されること。「朝出暮改」「朝改暮変」ともいう。
例:朝令暮改の指示ほど困るものはない。

喧々囂々(けんけんごうごう)/侃々諤々(かんかんがくがく)

「喧々囂々」は〈大勢の人がそれぞれ勝手に発言して騒がしい様子〉。「侃々諤々」は〈自分の正しさを臆せず主張すること。遠慮することなく盛んに議論する様子〉。どちらも、同じ漢字を重ねることで意味を強めた表現。最近では2つの四字熟語が混じってしまい、〈がやがやして騒々しいこと〉を「喧々諤々(けんけんがくがく)」と言う人が増えた。
例:1時間以上にわたって侃々諤々の議論が続いた。

一蓮托生(いちれんたくしょう)

結果の善し悪しに関わらず、最後まで行動や人生、運命を共にすること。ポジティブな意味で使われるだけでなく、"悪い運命も共にする"というニュアンスで使われることも多い。仏教の考え〈死後、極楽浄土の同じ蓮華(れんげ)の上に生まれ変わること〉から。
例:一蓮托生の覚悟をもってプロジェクトを進めていこう。

有象無象（うぞうむぞう）

群がり集まった取るに足らない人々のこと。種々雑多なつまらない（くだらない）連中のこと。語源は仏教用語の「有相無相（＝姿や形をもつものともたないものすべて）」で、「相」は〈姿／形〉を意味する。
例：有象無象の言うことを気にすることはない。

羊頭狗肉（ようとうくにく）

見かけと実際の内容が一致しないこと。宣伝文句は立派だが、実際には粗悪な品を売ること。見掛け倒し。「狗肉」とは〈犬の肉〉のこと。〈羊の頭を看板に掲げながら、実際は犬の肉を売る意味〉から。「誤魔化すこと」のたとえ。
例：「羊頭狗肉」を地でいくセールス手法にげんなりした。

当意即妙（とういそくみょう）

その場の変化に応じて（空気を読んで）、すばやく機転をきかすこと。気がきいていること。もともとは仏教用語で、「当意」は〈即座にその場に適した工夫をする〉、「即妙」は〈その場ですぐに働く知恵〉という意味。　**例：彼の魅力は当意即妙な受け答えができるところだ。**

旧態依然（きゅうたいいぜん）

昔からの状態・体制で、少しも進歩や進化、発展が見られないこと。「旧態」は〈昔のまま〉、「依然」も〈もとのまま〉という意味。批判的なニュアンスで使うことが多い。「旧態以前」と書くのは誤り。
例：まずは旧態依然とした社風を変える必要がある。

異口同音（いくどうおん）

みんなが口を揃えて同じことを言うこと。多くの人の意見が一致する

こと。「異口（＝たくさんの人の口）」から「同音（＝同じ言葉）」が出ることから。

例：参加メンバーは異口同音に、そのプロジェクトの欠陥を指摘した。

千差万別

種々さまざまで、いろいろな違い、たくさんの違いがあること。色とりどり。〈千もの"差"があり、万もの"別"がある〉という意味から。

例：顧客のニーズは千差万別だ。

紆余曲折

事情や経過が込み入っていて、物事が順調に進まないこと。「紆余」は〈道などが曲がりくねること〉で、「曲折」は〈折れ曲がること〉。「迂余曲折」や「宇余曲折」と書くのは誤り。

例：紆余曲折を経て、現在の体制になった。

猪突猛進

周りの人のことや状況を考えず（なかば衝動的に）、ひとつのことに向かって、ものすごい勢いで突き進むこと。向こう見ずな（無鉄砲な）行動を取ること。〈猪のように、前後を顧みず、猛烈な勢いで突進すること〉から。　**例：彼は猪突猛進するタイプだ。**

言語道断

〈言葉にする道が断たれた〉という意味から、言葉にできないほどひどいこと（とんでもないこと）。際立って程度が悪いこと。もってのほか。もともとは〈奥深い真理は言葉では説明できない〉という仏教用語。　**例：これほど重要な連絡をメールで済ますとは言語道断だ。**

前代未聞（ぜんだいみもん）

今までに一度も耳にしたことがないような珍しい出来事・エピソード（大変なこと／驚いたこと／あきれたこと）。「前代」は〈現時点よりも前（過去）〉、「未聞」は〈まだ聞いたことがない〉という意味。
例：入社３年目の若者が支店長を任されるとは前代未聞だ。

切磋琢磨（せっさたくま）

仲間やライバル同士で、互いに努力し、励まし合ったり、高め合ったり、競い合ったりしながら一緒に成長・向上すること。自身の資質・人徳・学問・道徳・技芸などを磨くこと。「切磋」は〈骨・角を切り磨く〉、「琢磨」は〈玉・石などを削り磨く〉という意味。
例：この10年間、A社とは切磋琢磨しながら業界を盛り上げてきた。

言行一致（げんこういっち）

「言っていること」と「やっていること」が一致していること。
例：仕事ができる人ほど言行一致しているものだ。

百戦錬磨（ひゃくせんれんま）

数多くの実戦や経験を積んでおり、その人の技術・能力・才能が鍛え上げられていること。「百戦」は〈たくさんの戦い〉で、「錬磨」は〈鍛えて磨く〉という意味。　**例：神田社長は百戦錬磨の経営者だ。**

多士済々（たしせいせい）

優れた人がたくさん集まっていること。「多士」は〈多くの優れた人材〉のことで、「済々」は〈数が多く盛んな〉なこと。「済々多士（せいせいたし）」ともいう。「済々」は「さいさい」とも読む。
例：このチームの仲間は多士済々なので、まったく心配していない。

曖昧模糊（あいまいもこ）

物事の内容や意味、本質、核心などがはっきりしないこと（ぼんやりしていること）。「曖昧」も「模糊」も〈不明瞭〉という意味。同じ意味の言葉を重ねることで、意味を強調している。「模糊」は「糢糊」とも書く。　**例：彼の説明はいつも曖昧模糊としている。**

意気投合（いきとうごう）

互いの性格や気持ち、考えなどが一致し、心が通い合うこと。気が合って親しくなること。「意気」は〈気性や気持ち〉、「投合」は〈ぴったり合う〉という意味。
例：ほぼ同世代で経歴も似ていることから2人はすぐに意気投合した。

竜頭蛇尾（りゅうとうだび）

最初のすさまじい勢いが、最後はなくなってしまうこと（出足はすばらしいが、終わりはつまらないこと）。〈頭は竜のように立派だが、尾は蛇のように尻すぼみ〉の意から。「りょうとうだび」とも読む。
例：期待していたプロモーションだったが、竜頭蛇尾に終わった。

虎視眈々（こしたんたん）

目的を達成するために、状況や機会、動向などを見極めながら、じっとチャンスをうかがっている様子。〈虎が獲物を狙って、鋭い目でその動きを見つめている様子〉から。
例：福田専務は、次期社長のポストを虎視眈々と狙っている。

戦々恐々（せんせんきょうきょう）

物事を恐れてびくびくしている様子。恐怖に襲われて縮みあがる様子。「戦々」と「恐々」はどちらも〈恐れる〉の意味。

第5章　武器としてのビジネス語彙力

例：店舗閉店の憂き目にあわないか、スタッフたちは戦々恐々としている。

粒々辛苦（りゅうりゅうしんく）

目標の達成を目指し、コツコツと地道な努力と苦労を重ねること。〈お米の一粒一粒が農民の苦労と努力の結晶であること〉から。

例：粒々辛苦の末に、画期的な商品の開発に成功した。

唯々諾々（いいだくだく）

善悪や是非、正否などを考えず（思考停止状態で）、どんなことでも人の意見に従うこと。人の言いなりになる様子。「唯々」は〈「はい」と承諾すること〉で、「諾々」は〈言われるがままに従うこと〉。

例：唯々諾々と指示に従うだけが仕事ではない。

温故知新（おんこちしん）

昔あった事柄について調べたり、よく考えたりして、新しい道理や知識、見解、ヒント、アイデア、インスピレーションなどを得ること。「子曰（いわ）く、故（ふる）きを温（たず）ねて、新しきを知れば、以（もっ）て師と為るべし」という『論語（為政篇）』が出典。

例：温故知新の精神を忘れずに、新たな商品の開発に励んでいこう。

空理空論（くうりくうろん）

現実味のない（役に立ちそうもない）考えや理論。「空理」と「空論」はどちらも〈現実や実状を無視した、無益な理論や議論〉のこと。同じ意味の言葉を重ねて意味を強めている。

例：空理空論ばかりが飛び交う会議に辟易した。

我田引水(がでんいんすい)

周囲や他人に配慮することは一切なく、自分にとって都合のいい発言をしたり、行動を取ったりすること。〈他人の田んぼのことは一切考えず、自分の田んぼにだけ水を引き入れる身勝手なやり方〉から。

例:A社のやり方は我田引水そのもの。当社のビジネスパートナーとしてふさわしくない。

是々非々(ぜぜひひ)

立場や信条、考え方などにとらわれず、よいことにはよいと賛成し、悪いことには悪いと反対すること。〈公正・公平に判断する〉という意味で使う。〈よいことはよい、悪いことは悪いと公平な立場で判断すること〉から。

例:個別の課題には、それぞれ是々非々で対応します。

泰然自若(たいぜんじじゃく)

どんなことが起きても、慌てず落ち着いていて物事に動じないこと。平然としていて自分らしさを失わないこと。「泰然」は〈悠然と落ち着いている様子〉で、「自若」は〈慌てず、驚かず、動じない様子〉。

例:彼の泰然自若とした態度には、驚きを超えて感心させられる。

一気呵成(いっきかせい)

物事や仕事を中断することなく、一気に成し遂げること(とくに、文章をひといきに書き上げること)。集中して勢いよく行動する様子を伝えるときに使う。

例:アイデアも出揃ったので、ここからは一気呵成にプランを練り上げてしまおう。

Scene 5 ビジネスで使えることわざ

画竜点睛を欠く
「画竜点睛」とは〈最後の仕上げのこと〉で、そこに否定の「欠く」を組み合わせる形で、〈最後の仕上げが杜撰なこと。肝心なポイントが欠けていて完全とはいえないこと〉という意味。〈中国のある画家が壁に竜の絵を描いた際、仕上げに目を描いたとたん、竜が天に飛んでいった〉という故事から。
例：今回の企画書は明らかに画竜点睛を欠いていた。

砂上の楼閣
地盤や基礎がもろく、崩れやすいことのたとえ。実現が難しい物事や、長く続かない物事のたとえ。〈砂の上に作った建物は、すぐに壊れてしまう〉ことから。「机上の楼閣」は誤り（おそらく「机上の空論」との混同）。　**例：彼のアイデアは砂上の楼閣にすぎない。**

絵に描いた餅
実際には何の役にも立たないこと。アイデアや計画は立派だが、実現する見込みがないもの。〈どんなにおいしそうな餅の絵を描いても、実際には食べられない〉ことから。
例：彼の企画はしょせん絵に描いた餅だ。

火中の栗を拾う
自分の利益にならないのに、他人のために危険を冒し、つらい目に遭

うこと。〈猿におだてられた猫が、いろりの中の栗を拾って大やけどし、猿がその栗を食べてしまった〉という寓話から。
例：赤字店舗のマネージャーを引き受けるなんて、火中の栗を拾うようなものじゃないか。

渡りに船

困っているときに、抜群のタイミングで必要な便宜（人・物・環境・チャンスなど）が得られること。〈「どうやってこの川を渡ろうか？」と思案していたときに、運よく目の前に舟が置いてあった〉というエピソードから。
例：忙しい矢先に、新しいスタッフが配属されてきた。渡りに船とはまさにこのことだ。

覆水盆に返らず（ふくすいぼん）

一度してしまったこと（失敗）は、取り返しがつかないということ。〈いったん別れた夫婦の仲は元に戻らない〉という故事から。「覆水盆に帰らず」と書くのは誤り。
例：失敗を悔やんでみたところで、覆水盆に返らずだ。

暖簾に腕押し（のれん）

相手の手応えがないこと。張り合いがないこと。布の暖簾を力強く押しても、空気を押しているかのように手応えがないことから。類語に〈やわらかい糠（ぬか）に釘を打ち込んでも手応えがない〉という意味の「糠に釘」がある。
例：A社との交渉は今のところ暖簾に腕押しで終わっている。

元の木阿弥(もくあみ)

一旦は良くなったものが、再び元の悪い状態に戻ること。それまで積み重ねてきた努力や苦労が無駄になること。〈その昔、ある城主の病死を隠すため、平民の木阿弥を替え玉にして世間の目をあざむいた。のちに城主の子が成人すると、木阿弥は元の身分に戻されてしまった〉という故事から。
例：部長の許可が下りなければ、すべてが元の木阿弥だ。

帯に短し襷(たすき)に長し

物事が中途半端で役に立たないこと。〈用意された布が、和服の帯として使うには短すぎ、かといって和服の袖をたくし上げる襷として使うには長すぎる〉ことから。
例：このタブレットは帯に短し襷に長しで、仕事での使い道に困る。

餅(もち)は餅屋(もちや)

何事においても、それぞれの専門家に任せるのが一番いいということ。〈餅は餅屋のついたものが一番おいしい〉ことから。
例：印刷したチラシの色味がよくない。やはり餅は餅屋で、印刷屋に注文すべきだった。

光陰(こういん)矢のごとし

「光陰」とは〈歳月〉のこと。歳月が"放った矢"のように早く過ぎ去っていくさま。〈月日が経つのが早いこと〉のたとえ。一度流れた月日は二度と戻ってこないから時間を大事にしよう、という戒めも込められている。　**例：入社してからもう10年か。光陰矢のごとしだ。**

驕る平家は久しからず

地位や経済力を鼻にかけて、身勝手な振る舞いをすれば、いつか衰えて滅びるときがくるということ。目先の成功や勝利に対する戒めの言葉でもある。『平家物語』の一節「驕れる人も久しからず、ただ春の夜の夢のごとし」から。

例：トップ営業だった原さんが突然地方に飛ばされた。驕る平家は久しからずということだろうか。

魚心あれば水心

相手がこちらを好きになってくれたら、こちらも相手を好きになる用意があるという意味。相手の出方次第で、こちらの態度が決まるということ。〈魚が水に住みたいと思っているなら、水もその気持ちに応えて、魚が住みやすい水になろうとする〉という意味から。

例：お客様を大事にすれば、魚心あれば水心でお客様からのクレームも減るだろう。

濡れ手で粟

苦労することなく、やすやすと大きな利益や成果を手にすること（お金を儲けること）。〈粟（イネ科の作物）の山に濡れた手を入れると、粟の粒が、勝手にたくさんつく〉ことから。「濡れ手で粟をつかむ」とも言う。「粟」を「泡」と書くのは誤り。

例：濡れ手で粟をつかむような儲け話には乗らない。

白羽の矢が立つ

多くの人の中から、特別な人を選び出すこと。〈生贄を求める神が、選んだ少女の家の屋根に白羽の矢を立てた〉という言い伝えから。今では悪い意味だけではなく、いい意味（選ばれる＝名誉）でも使われ

る。「白羽の矢が当たる」は誤り。
例：会議の結果、編集長経験のある私に白羽の矢が立った。

三顧の礼(さんこのれい)

誠意と礼儀を尽くして優れた人材を手厚く迎え入れること。地位のある人や目上の人が、わざわざ相手のもとに出向いて依頼やお願いをすること。〈中国の三国時代、劉備が天才軍師の諸葛孔明(しょかつこうめい)のもとを三度訪ねて、ようやく軍師を引き受けてもらった〉という故事から。
例：Ａ社が三顧の礼をもって迎えたデザイナーだけあって、さすがに腕がいい。

喉元過ぎれば熱さを忘れる(のどもと)

どんな苦痛や苦労も、過ぎてしまえば忘れてしまうこと。また、苦しいときに受けた恩も忘れてしまうこと。〈熱い食べ物・飲み物でも、飲み込んでしまえばその熱さを感じなくなる〉ことから。
例：ある事業で失敗した友人が、喉元過ぎれば熱さを忘れるで、再び以前と似た事業に手を出そうとしている。

釈迦に説法(しゃか)

その道に精通している人に対して、そのことについて教えようとする愚かさのたとえ。"身のほど知らず"を戒める言葉でもある。〈仏教の開祖であるお釈迦様に対して仏法を説く〉という意味から。
例：釈迦に説法とは承知していますが、ひと言だけ言わせてください。

青天の霹靂(へきれき)

予期せぬ（驚くような）出来事や事件が起こること。「霹靂」とは〈雷が大きな音で鳴ること〉。〈青く晴れ渡った空に、突然激しい雷鳴が轟

く〉ことから。「晴天の霹靂」と書くのは誤り。

例：佐藤課長がプロジェクトから外れるとは青天の霹靂だ。

貧すれば鈍する

どれほど利口な人や人徳がある人でも、貧乏になると、知恵や頭の回転が衰えて愚鈍になるということ（性格も卑しくなる）。〈貧乏をすると、毎日の生活のことばかり考えるようになる〉ことから。

例：貧すれば鈍するがゆえに、まずはしっかり稼ぐ必要がある。

漁夫の利

当事者が争っている隙に、第三者が何の苦労もなく利益を横取りすること。〈ハマグリ（貝）とシギ（鳥）が争っていたところ、通りがかった漁師が両方とも生け捕りにした〉という故事から。

例：実績豊富な２社が争っている隙に、無名のベンチャーが漁夫の利を得る結果となった。

仏作って魂入れず

せっかくいいものを作っても、肝心・重要なものが抜け落ちているために、仕事の成果が損なわれるということ。〈立派な仏像を作っても、作者が魂を入れなければ、単なる木や石にすぎない〉ことから。

例：理念やビジョンのない経営をしていては、仏作って魂入れずと言われても仕方ないだろう。

棚からぼた餅

苦労せずに思いがけない好運が舞い込むこと。〈神棚にお供えしていたぼた餅が落ちてきて、ちょうど開いていた口に収まる〉ことから。

例：まさかライバル店が撤退するとは思わなかった。棚からぼた餅だ。

鶴の一声(ひとこえ)

大勢で議論しているときに、そこにいるすべての人を、有無を言わさず従わせる有力者・権力者のひと言。〈めったに鳴かない鶴がひとたび鳴くと、その甲高い鳴き声が遠くまで響き渡る〉ことから。
例：西村社長の鶴の一声で、その企画が採用された。

雨降って地固まる

もめ事やトラブルなど何か問題が起きたあとは、かえって以前よりもいい結果を招いたり、信頼関係が強まったり、安定した状態になったりすること。〈雨が降ったあとは、ぬかるんでいた地面が固く締まり、雨が降る前よりいい状態になる〉ことから。
例：雨降って地固まるというから、たまにお客さんからクレームをもらうことは悪くない。

他山(たざん)の石

他人の誤った発言や行動も、自分の教養や品格を高めるのに役立つこと。中国の古典『詩経』の言葉で〈ほかの山で採れた粗悪な石でも、それを砥石に利用すれば、自分の宝石を磨くことができる〉ことから。〈他人のいい発言や行動は、自分にとっていい手本となる〉という意味で使うのは誤り。
例：A社の失敗を他山の石として今後の事業計画を立てよう。

論語読みの論語知らず

本の内容は理解できても、本質を理解していないため、行動に移すことができないこと。また、その人。〈孔子の『論語』を読んではいるけど、その教えを実践できていない〉ことから。
例：口ばかりの小池部長は、論語読みの論語知らずのきらいがある。

百聞は一見にしかず

人から百回話を聞くよりも、一度でも自分の目で実際に見たほうが、はるかに正確に理解できるということ。あらゆる仕事の戒めに使える言葉。
例：百聞は一見にしかずと言いますので、製造工場を視察してきます。

瓢箪から駒が出る

予期せぬこと、あり得ないことが起こる。「駒」とは〈馬〉のこと。〈意外なもの（口の小さな瓢箪）から意外なもの（馬）が出てくること〉から。「瓢箪から独楽が出る」と書くのは誤り。
例：子供向けの商品が、まさか大人たちの間でブームになるとは、瓢箪から駒が出たようなものだ。

五十歩百歩

多少の違いはあるものの、本質的には変わらないこと。〈戦場で五十歩退却した兵士が、百歩退却した兵士を臆病者と笑ったが、逃げたことに変わりはない〉ことから。ほとんど変わらない立場にありながら相手を見下す愚かさを皮肉る言葉でもある。
例：武藤は松坂を見下しているが、営業成績は五十歩百歩だ。

二階から目薬

物事が思うようにいかず、もどかしいこと。また、回りくどくて効果が得られないこと。〈2階から1階にいる人に目薬をさすのは無理〉なことから。　**例：今さら広告を打ったところで二階から目薬だろう。**

Scene 6 ビジネスで使うカタカナ語

　ビジネスで使うカタカナ語には賛否があります。「カタカナ語を使わずに話すべき」という意見もあれば、「カタカナ語を使うことで意思疎通が図りやすくなる」という意見もあります。業界や会社によっても考え方はまちまちで、一概にルールを決めることはできません。もちろん、相手がカタカナ語を使っているのであれば、「その意味がわかりません」では済まされないこともあるでしょう（相手に言葉を合わせることがコミュニケーションの基本です）。少なくとも、仕事でよく耳にするカタカナ語については、その意味を把握しておきましょう。ここではビジネスでよく使われるカタカナ語を紹介します。

ソリューション

企業がビジネスやサービス面で抱えている問題点を解消すること。また、そのために提供される情報システムのこと。もっと広く「問題解決」の意味で使われることもある。

例：顧客満足度を高めるためのソリューションを提供します。

スキーム

枠組みを伴った計画（やり方・仕組み）のこと。「事業スキーム」「資金調達スキーム」「評価スキーム」など「○○スキーム」の形で使われることも多い。単なるプランとは異なり、人・物・情報・お金を絡めながら、組織立てて継続的かつ体系的に進めていくプランを指す。

例：このスキームが生産性アップをもたらす。

インセンティブ　類語：コミッション（手数料／仲介料）

ある目標の達成に向けて、その人（組織）のやる気や意欲を引き出すために、外部から与える刺激のこと。企業が出す報酬や報奨金。
例：社員にインセンティブを支払う。

ニッチ

すき間。ビジネスシーンでは〈特定のニーズ（需要、客層）をもつ規模の小さい市場〉のこと。「ニッチマーケット（市場）」「ニッチ産業」「ニッチ事業」「ニッチ戦略」などさまざまな表現がある。
例：A社の事業はニッチな分野に特化している。

ベネフィット

その商品・サービスを使ったときに、消費者が得る恩恵や利益のこと（利便性や満足度なども含む）。単なる「商品の特長」とは区別される。たとえば、コーヒー豆であれば「ブラジル産」は商品の特長で、「集中力が増す」はベネフィット。
例：ベネフィットが弱い商品は売れない。

フィードバック

もともとは〈結果を原因に反映させて改善する〉という意味の言葉。ビジネスでは〈部下の仕事に対して行うリアクション（助言など）〉を指すほか、〈顧客や消費者の声（反応）を商品やサービスの提供者側に伝える〉という意味もある。
例：フィードバック情報を活かして、商品をマイナーチェンジする。

アサイン

「アサインメント」の略語で、〈割り当てる／任命する／選任する／配

属する／与える／命じる〉など幅広い意味をもつ（状況によって「アサイン」が指すものが変わる）。
例：あるプロジェクトの立ち上げメンバーにアサインされた。

アウトソーシング
業務（仕事）の一部、あるいは全部を、社外の企業や専門業者に委託すること。また、海外から部品を安く調達すること。もともとは情報通信分野で使われていた言葉だが、現在は業種を問わず、広く"外注"や"下請け"の意味でも使われている。
例：A社はアウトソーシング先の候補のひとつです。

イノベーション
「技術革新」「刷新」「新たな概念の導入」「新機軸」など、総じて"大きな変化"を指す。技術分野のみならず、経営や組織の革新などにも使う。　**例：まずは組織のイノベーションから始めよう。**

マスト
絶対に必要なことやもの。絶対にしなければいけない仕事。「マストアイテム」といえば〈欠かせないもの〉という意味。「must」の直訳「〜しなければならない」から。強い要請のニュアンスがあるため、上司や目上の人への使用は控えたほうがいい。
例：この機能はマストです。

フレキシブル
柔軟性があること。融通がきくこと。順応性があること。臨機応変。「フレキシブルに対応する」の形で使うケースが多い。
例：クライアントの要望に応じて、フレキシブルに対応する。

コンテンツ

娯楽や教養のために創作された情報の内容（中身）のこと。本、記事、ウェブサイト、アプリケーション、ゲーム、アニメ、キャラクター、映画、音楽、番組、動画、写真などあらゆるものやサービスで使われる。
例：自社サイトのコンテンツを強化しよう。

アジェンダ

会議やプロジェクトを効率よく進めるための"予定している内容のまとめ"のこと（印刷して関係者に配布するのが一般的）。会議であれば「議題」「目的」「協議内容」「議事日程」「行動計画」などをアジェンダに盛り込む。　**例：会議のアジェンダを作る。**

サマリー／レジュメ

「サマリー」と「レジュメ」は同じような意味で使われている。論文や資料、会議などの内容や要点を簡潔にまとめたもの。概要や概略、要旨や要約のこと。ビジネスシーンでは、とくに研修や会議など人が集まる場で、事前に配布する"発表内容を簡潔にまとめた印刷物"を指すケースが多い。
例：会議で配布するレジュメを印刷しておきます。

イシュー

本質的な論点・課題・問題のこと。〈論じて改善すべき〉というニュアンスを含んでいる。　**例：まずはイシューを特定することが先決だ。**

メンタリティ

心のあり方。精神のもち方。知性や知力。
例：安易にそういう発言をしてしまうメンタリティこそが問題だ。

ポテンシャル

可能性として持っている能力。潜在的な力。
例：介護サービスの市場はポテンシャルが高い。

アテンド

ビジネスシーンでは「付き添って世話をすること」「案内をすること」「接待すること」「手伝うこと」「サポートすること」など幅広い意味で使われる。
例：来週、社長が各店舗を回るそうなのでアテンドを頼みます。

タスク

与えられた仕事や任務、課題。ビジネスシーンでは、おもに個人が取り組む一つひとつの仕事や作業を指す。複数の作業を同時進行することを「マルチタスク」という。
例：事前にタスク管理をしっかりとやっておこう。

リスケ

予定やアポイントメント、スケジュール、計画などを組み直すこと。リスケジュール（reschedule）の略。「リスケする」の形で使うことが多い。　　**例：来週の打ち合わせをリスケさせてもらえますか？**

ペンディング

未解決・未決定のまま保留（先送り）すること。本来の意味〈ぶら下がる／宙ぶらりん〉から。「保留」や「先送り」よりも耳にしたときのイメージがソフト（そのため、使いやすい）。
例：例の案件は一旦ペンディングにしよう。

コンセンサス

複数の人による合意、意見の一致のこと。ビジネスシーンで「コンセンサスを取っておく」と言った場合、"根回しをしておく"という裏の意味を含んでいるケースもある。
例：社内のコンセンサスを得る必要がある。

リソース

資源や資産、財産のこと。ビジネスシーンでは、広く会社の経営資源（人・物・お金・情報・能力・商標・仕様など）を指す。
例：生産性が低下した原因のひとつが、人材面でのリソース不足です。

リテラシー

情報や知識の活用能力のこと。本来の意味である〈読み書きする能力〉から転じて。多くの場合、リテラシーが"ある or ない""高い or 低い"と表現される。「○○リテラシー」という言葉も多く、「（インター）ネットリテラシーが高い」といえば、「インターネットの知識や活用能力が高い」という意味。活用能力には広く「マナー」も含む。
例：情報を鵜呑みにする傾向のある人ほどメディアリテラシーが低い。

ロングテール

さほど人気のない小規模市場の商品でも、種類と数量を揃えておくことによって、結果的に、それらの売り上げの合計が、売れ筋の商品の売り上げを上回ること。おもにネット販売で見られる現象。ロングテールのビジネスモデル成功例として有名なのは Amazon。
例：ロングテール戦略で活路を見出す。

ファクトベース

ファクトベース（Fact Base）とは、事実に基づくこと。通常、事実やデータを正確に読み取ったうえで、考えたり、意見したりすることを指す。

例：机上の空論では意味がない。ファクトベースで議論していこう。

パラダイムシフト

その時代や分野において"当然""常識"と考えられていた認識や思想、枠組み、概念、価値観、考え方などが、劇的に変化すること。

例：今後10年間で、日本人の働き方に大きなパラダイムシフトが起こるだろう。

ブラッシュアップ

技術や能力にさらに磨きをかけること。一段と優れたものにすること。上達させること。

例：企画書をブラッシュアップしてから再提出する。

ブレインストーミング

ひとつのテーマに対して、複数の人が自由に意見やアイデアを出し合う手法のこと。新しいアイデアや考え方、問題の解決方法を導き出すことを目的としている。「ブレスト」と略すことが多い。

例：今日は有意義なブレインストーミングができた。

ボトルネック

スムーズな進行や作業、効率、発展などを妨げる要因。障害や問題点など、とくに大きく足を引っ張っている部分。〈ボトルネック（瓶の首）のスペースが狭く、水の流れが滞りやすい〉ことから。

例：どこがボトルネックになっているのか早急に特定しよう。

マネタイズ

収益化を図ること。とくにインターネット上の無料サービスから始めた事業について、広告、販売、課金など、さまざまな方法で収益をあげる方法のこと。
例：どうマネタイズしていくかが問題だ。

フェーズ

「段階」「工程」「局面」などを指す言葉。ビジネスシーンでは、事業やプロジェクトの進行工程や、企業の成長・規模のように、単位はないものの変化していく対象に使われることが多い。たとえば、プロジェクトの「第1フェーズ」「第2フェーズ」という具合に使う。
例：このプロジェクトは3つのフェーズに分けて進行させていこう。

オーソライズ

正式に認めること。公認すること。正当な権限を与えること。情報通信の分野では「登録」や「正式購入した」という意味でも使われる。「オーサライズ」ともいう。
例：この商品はオーソライズされていますか？

ロールモデル

行動や考え方の模範・手本となる人物のこと。「あの人のようになりたい」と思う"憧れの人物"という側面もある。
例：最適なロールモデルを選ぶことが成功への道だ。

ドラスティック

手法が大胆かつ抜本的・革命的であること。激しく、徹底していること。その概念や価値観、仕組みを根底から覆すほど大きな変化に対してのみ使われる。
例：企業体質を変えるためにはドラスティックな改革が必要だ。

コミット

「約束」「誓約」「公約」「確約」「決意」「言質」「関与」「参加」「委任」「義務」など幅広い意味をもつ言葉。コミットメントの略。それぞれの意味の根底には"責任をもって行う"というニュアンスが流れている。「コミットする」の形で使われることも多い。「この案件にフルコミットします」のような使い方もある（フルコミット＝コミットの強調）。
例：前月比150％の売り上げアップにコミットします。

プライオリティ

優先権・優先順位のこと。一般的には、重要性や緊急性が高い（低い）案件・事柄に対して「プライオリティが高い（低い）」のように表現する。
例：どんな業務であれ、事前にプライオリティを決めておくことが大切だ。

シンギュラリティ

人工知能（AI）が人間の知能を超える時点のこと。人工知能研究の権威であるレイ・カーツワイル博士が提唱した"未来予測の概念"で、氏は〈シンギュラリティに到達するのは2045年頃〉と予測。社会やビジネス、人々の生活に大きな変化をもたらすと考えられている。「Singularity」の直訳は〈特異点〉。

例：シンギュラリティがうちの業界にもたらす影響は何だと思う？

パラレル
平行。同時進行のこと。「パラ」と略されることも多い。
例：ふたつの案件をパラレルに進めていこう。

インフルエンサー
世の中に大きな影響力を及ぼす人のこと。著名人や芸能人や専門家に加え、近年ではブログや動画サイト、それにSNSを含むユーザー参加型サイト「CGM（消費者発信型メディア）」上で大勢のファンをもち、頻繁にシェア・拡散・口コミされるキーパーソンのことも指す。
例：インフルエンサーに紹介してもらったら爆発的に売り上げが伸びた。

アナウンス
知らせる。告知する。公表する。発表する。もともとの意味〈放送で知らせる〉から。
例：商品の情報解禁日をマスコミにアナウンスしておこう。

キャパシティ
備えている能力で請け負える数や量のこと。具体的には、収容能力や処理能力、許容量など。略して「キャパ」とも。個人に対しては、その人が受け入れられる作業量の限界値という意味合いで使われることが多い。
例：遠藤さんがキャパオーバーらしいので、今回は別の人にお願いしよう。

フィックス

ビジネスシーンでは「固定する」「決定する」「確定する」など"最終決定事項"の意味で使われる。
例：そろそろ会議日程をフィックスさせよう。

マター

ビジネスシーンでは、ある案件を処理する範囲・管轄・担当などを意味する。「この件は井田さんマターとなりました」のように、通常、「マター」の直前に担当者名や部署名、企業名などを付けることが多い。
例：この件は営業マターとして取り組むべきだ。

リマインド

思い出させること。気付かせること。「念押し」や「再確認」とほぼ同じ意味。仕事で"相手に約束事や期日の確認をしたいとき"などに送るメールを「リマインドメール」という。
例：会議前日に改めて口頭でリマインドしてもらえますか？

ドラフト

ビジネス用語としての意味は「原案」「草案」「試案」「素案」「ラフ案」「設計図」「下書き」など。とくに契約書や仕様書のたたき台となる"最初の案"という意味で使われるケースが多い。ドラフトを改善して正式なものを作り上げていく。
例：契約書のドラフトを作成しておこう。

イニシアチブ

率先して発言・行動して他を導くこと。物事をリードすること。主導権。「イニシアチブを取る」「イニシアチブを握る」「イニシアチブを

発揮する」などの形で使われることが多い。
例：交渉の席でイニシアチブを取ることが大切だ。

ホスピタリティ

心からのおもてなし・思いやりのこと。形式的なマナーやサービスとは一線を画し、相手に心を込めて尽くすことを指す。接客のみならず、幅広い人間関係、あるいは、物や社会、自然との関係においても使われる。
例：どんなにすばらしいサービスでも、ホスピタリティに欠ければ、お客様は離れていくだろう。

リーズナブル

価格が手ごろなこと（買い求めやすいこと／手軽に買えること）。本来の意味である〈合理的な／妥当な〉から。単純に〈値段が安い〉という意味ではない。
例：最新型にしてはリーズナブルな価格だと思う。

ステークホルダー

利害関係者のこと。たとえば、企業の場合、ステークホルダーは、従業員のほか、消費者（顧客）、株主、取引先、地域社会、行政など。
例：常にステークホルダーの利益を考えながら事業運営をしている。

エビデンス

証拠、根拠、言質、裏付けなど。議事録から報告書、発注指示書、領収書、メール、画像まで多種多様な形式がエビデンスになり得る（内容を証明するための証拠や根拠となるデータや記述を含んでいればOK）。

例：あとでトラブルにならないよう、エビデンスとなるメールをもらっておこう。

バジェット
ビジネスシーンではおもに〈予算／予算案〉、あるいは〈特定の費用や経費〉の意味で使われる。また、〈低予算／安価〉の意味もある。「バジェットホテル」や「バジェット運賃」といえば〈格安ホテル〉〈格安運賃〉という意味。
例：今回のプロジェクトでは、それなりのバジェットを組む必要がある。

コストパフォーマンス
その行為や作業に必要な費用（コスト）と、その行為・作業の結果として得られる効果（パフォーマンス）を比較したもの。少ない費用で得られる効果が大きい場合は「コストパフォーマンスが高い（いい）」、得られる効果が小さい場合は「コストパフォーマンスが低い（悪い）」という。日本語で「費用対効果」ともいう。
例：あのレストランはコストパフォーマンスがあまりよくなかった。

コモディティ
品質や機能、ブランド力などが拮抗することによって、差別化を図ることが難しくなった商品やサービスのこと。画一化（一般化／凡庸化／大衆化）した商品やサービス。コモディティ化が進むと、消費者は"どれを選んでも同じ"という感覚になる。
例：価格競争に巻き込まれないためにも、コモディティ化を回避しなければならない。

ガラパゴス化

周囲から孤立した市場（日本市場）のなかで、商品やサービスが独自の進化を遂げること。"世界標準から取り残されて、国際競争力を失うかもしれない"という懸念も含んでいる。〈独自の生物進化を遂げ、固有種も多数存在するガラパゴス諸島〉にたとえて。

例：日本の産業界全体がガラパゴス化している。

マイルストーン

仕事や作業を進めていくうえで重要な節目のこと（「工程上の区切り」「目標期日」「中間点」など）。〈道路に1マイルごとに置かれている標識〉から。「業界のマイルストーンともいえる開発でした」のように〈画期的・歴史的な出来事〉の意味でも使われる。

例：このプロジェクトで押さえておくべきマイルストーンを確認しよう。

ダイバーシティ

多様性。多様な人材を積極的に活用し、多様な働き方を認めていこうという考え方のこと。人種、性別、年齢、性格、特性、学歴、ライフスタイル、価値観、信仰、障害などを問わずに人材活用すること。

例：ダイバーシティに取り組む企業が増えている。

トレードオフ

何かを達成しようとする際、一方を追求すると、他方が犠牲になるという"両立しえない複数関係"のこと。具体例としては〈物価を抑えると失業率が上昇し、失業率を抑えると物価が上昇する〉など。板挟みの状態を指す「ジレンマ」の一種。

例：デザインと機能性はトレードオフの関係だ。

トップダウン(経営)／ボトムアップ(経営)

「トップダウン（経営）」とは〈経営陣が下した意思決定に従って社員が行動する経営〉のこと。一方、「ボトムアップ（経営）」とは〈社員の意見やアイデアを吸い上げた経営陣がそれらをまとめて進めていく経営〉のこと。それぞれに長短所がある。
例：社員の多くがボトムアップ経営への移行を望んでいる。

PDCAサイクル(ピー・ディー・シー・エー・サイクル)

業務を行うときに役立つ管理手法のひとつ。「計画（Plan）→実行（Do）→点検・評価（Check）→改善・処置（Act）」をくり返すことによって継続的に業務を改善していく方法。略して「PDCA」。サイクル（周期）なので「PDCAを回す」という表現もよく使う。
例：PDCAを回して成約率を上げていこう。

TPO(ティー・ピー・オー)

「Time（時間）／Place（場所）／Occasion（場合）」の頭文字をとった言葉で〈時や場所、状況に応じて、服装や態度、行動、手法などを使い分けること〉。TPOをおろそかにすると相手から無礼と思われることがある。「TPOをわきまえて〜」「TPOに応じて〜」などの言い方がある。
例：お客様のところに行くときにはTPOを意識すべきだ。

IoT(アイ・オー・ティー)

「Internet of Things」の略で、直訳すると「モノのインターネット」。家電、物流、医療、農業、建物、日用品、衣類、スポーツ用具など、あらゆる分野のあらゆる物がインターネットにつながる仕組みのこと。「便利で新しい価値や商品・サービス、社会を作り出す可能性が

ある」と期待されている。
例：IoT に詳しいエンジニアから意見を聞こう。

BtoB／BtoC（ビー・トゥー・ビー／ビー・トゥー・シー）

Business を表す B は〈企業〉のこと。Consumer を表す C は〈消費者〉のこと。通常「BtoB」といえば〈企業間取引〉、「BtoC」といえば〈企業と消費者の取引〉を指す。
例：A 社が BtoC ビジネスに乗り出すようだ。

おわりに

　山ほどある語彙・フレーズのなかでも、ビジネスシーンに使えるものを厳選して紹介しました。「聞いたことはあるけど、意味を知らなかった」「知っていたけど、意味や使い方がずれていた」「すぐに使ってみたい語彙やフレーズがあった」など、さまざまな気づきと学びがあったのではないでしょうか。

　言葉には「理解語彙」と「使用語彙」のふたつがあります。「理解語彙」とは、意味を理解できている言葉のことです。パッと文字を見たときにその言葉の意味がわかるようなら、それは「理解語彙」が多い、ということです。一方、「使用語彙」とは、自分で書いたり話したりして、実際に使える言葉のことです。シチュエーションに応じて表現力豊かに語れる人は「使用語彙」が多い、ということになります。

　できれば、これから3カ月間、本書を携帯して、くり返しページをめくってください。また、半年後と1年後に、必ず本書を読み返してください。そうすることによって、「理解語彙」と「使用語彙」の修得効果が格段に高まります。

　また、その間に、積極的に語彙とフレーズを使っていきましょう。「○○という言葉の本来の意味を知っていますか？」と雑談のネタに使ってみるのもおすすめです。人に話をすることで「使用語彙」の量が増えていきます。

　くどいようですが、どの言葉を使うかはTPO次第です。相手の立

場や性格、相手との関係性、その場の状況などに関心を向けながら、人と会話をしたり、文章を書いたりしていきましょう。

　大丈夫。本書を読み終えたあなたの語彙力は、すでにアップデートしています。あとは、実践でトライ・アンド・エラーをくり返しながら、自分の血肉にしていくだけです。

　最後に、本書の執筆者として私に白羽の矢を立ててくださったPHP研究所の宮脇崇広さんに、心よりお礼申し上げます。また、ふだんから言葉のキャッチボールに付き合ってくれている妻の朋子と娘の桃果にも「ありがとう」の言葉を贈らせてください。

　そして、この本を読んでくれたあなた。あなたが身につけた語彙とフレーズは、この先、仕事現場を含め、人生のさまざまな局面において、あなたを助けてくれるでしょう。使う言葉は"あなたそのもの"です。豊かな言葉と共に、豊かな人生を切り開いていきましょう。

2018年7月　山口拓朗

参考文献

『広辞苑』 新村出 編(岩波書店)
『岩波 国語辞典』 西尾実・岩淵悦太郎・水谷静夫 編(岩波書店)
『大辞林』 松村明 編(三省堂)
『大辞泉』 松村明 監修(小学館)
『文化庁国語課の勘違いしやすい日本語』 文化庁国語課 著(幻冬舎)
『常識として知っておきたい日本語』 柴田武 著(幻冬舎)
『新編 日本語誤用・慣用小辞典』 国広哲弥 著 (講談社)
『語彙力こそが教養である』 齋藤孝 著(KADOKAWA)
『大人の語彙力 敬語トレーニング100』 本郷陽二 著(日本経済新聞出版社)
『ビジネスメールものの言い方辞典―人を動かす!心が伝わる!』 シーズ 著
　(技術評論社)
『問題な日本語―どこがおかしい?何がおかしい?』 北原保雄 編(大修館書店)
『日本語反省帳』 岩淵匡 著(河出書房新社)
『そんな言葉づかいでは大恥をかく―常識知らず、とバカにされないために』
　日本語倶楽部 編(河出書房新社)
『この一冊で面白いほど身につく!大人の国語力大全』 話題の達人倶楽部 編
　(青春出版社)

山口拓朗のメルマガ

『ダメ文に喝!』

ビジネス文章からメール、SNSでの情報発信まで、
語彙力や文章力アップにつながるノウハウを無料配信中。

【検索のうえ専用フォームよりご登録ください】

山口拓朗　メルマガ　検索

山口拓朗の音声アルバム

伝わる! 響く! 動かす!
最強文章作成講座

🔊 音声アプリ「Himalaya」で無料音声配信中!

【音声の視聴方法】
下記QRコードかURLからアクセスしてください

http://m.himalaya.fm/58999/album/99849

【山口拓朗への講演・研修・執筆・取材の問い合わせ先】
✉ メールアドレス:yama_tak@plala.to

※上記サービスは予告なく終了する場合があります。

〈著者略歴〉

山口拓朗（やまぐち・たくろう）

伝える力【話す・書く】研究所主宰。
出版社で編集者・記者を務めたのちに独立。豊富な語彙力と表現力を武器に、ライター&著述家として3,000件以上の取材・執筆歴を誇る。現在は執筆活動に加え、講演や研修を通じて、「ビジネス文章&メールの書き方」から「セールス文章の書き方」「SNSでの情報発信術」まで、その日から使える実践的ノウハウを提供。また、2016年より中国の5大都市で「Super Writer養成講座」を定期開催中。著書に『伝わる文章が「速く」「思い通り」に書ける87の法則』（明日香出版社）、『何を書けばいいかわからない人のための「うまく」「はやく」書ける文章術』（日本実業出版社）ほか多数。文章作成の本質をとらえたノウハウは言語の壁を超えて高く評価されており、中国、台湾、韓国など海外でも翻訳されている。

できる人が使っている大人の語彙力&モノの言い方

2018年8月3日　第1版第1刷発行

著　者		山　口　拓　朗
発行者		後　藤　淳　一
発行所		株式会社PHP研究所

東京本部　〒135-8137　江東区豊洲5-6-52
　　　　第二制作部ビジネス課　☎03-3520-9619（編集）
　　　　　　　　　　普及部　☎03-3520-9630（販売）
京都本部　〒601-8411　京都市南区西九条北ノ内町11
PHP INTERFACE　　　https://www.php.co.jp/

組　版	有限会社エヴリ・シンク
印刷所	大日本印刷株式会社
製本所	東京美術紙工協業組合

©Takuro Yamaguchi 2018　Printed in Japan　　ISBN978-4-569-84094-9

※本書の無断複製（コピー・スキャン・デジタル化等）は著作権法で認められた場合を除き、禁じられています。また、本書を代行業者等に依頼してスキャンやデジタル化することは、いかなる場合でも認められておりません。
※落丁・乱丁本の場合は弊社制作管理部（☎03-3520-9626）へご連絡下さい。送料弊社負担にてお取り替えいたします。